엄마만큼 크는 아이

머리 좋고 가슴 따뜻한 아이로 키우기

엄마만큼 크는 아이

최 낭 규 지음

히림출판사

소식(蘇軾)은 "천진난만시오사(天眞爛漫是吾師)"라고 시(詩)를 읊어, 어린이야말로 진실되고 생동적인 삶의 스승이라 했다. 예나 지금이나 어린이는 예찬받아 마땅한 생명력을 지니고 있다.

그들에겐 소망과 잠재 능력이 있다.

그들에겐 순수한 사랑이 있다.

그들에겐 진실된 믿음이 있다.

그런데 부모가, 교사가 그리고 사회가 양육과 교육이란 이름으로 어린이의 그런 모든 것을 억누르고 빼앗고 오도하고 있다.

예수는 "소자(小子) 하나를 실족(失足)케 하면 차라리 연자 맷돌을 그 목에 달리우고 깊은 바다에 빠뜨리우는 것이 나으리라"고 경고하였고, 루소는 학교를 "어린이의 개성을 말살시키는 도장"이라고 개탄

하였다.

모든 가치관이 전도된 듯한 혼란한 사회상과 심각한 사회 문제로 부각되는, 고민하는 오늘의 청소년상을 보면서 교육의 위기를 느끼지 않을 수 없다.

국가적 위기를 극복하기 위한 근본 처방은 가정이, 학교가, 나라가 어린이 교육에 시선을 모으고 무게를 싣는 것이다. 그런데 '유아 교육의 중요성'은 구두선(口頭禪)에만 그치고 교육 내용과 방법과 행정은 방향 감각을 잃은 채 표류하고 있다.

유치원에서 어린이들과 같이 생활하다 보면 적나라하게 드러나는 어린이들의 다양한 모습과 만나게 된다.

진솔한 그들의 모습에 희열을 느끼기도 하고, 어린이 자신은 지각하지도 못하는 가운데 타의에 의하여 문제를 잉태하며 성장해 가는 안타까운 모습도 대하게 된다.

긍정적이든 부정적이든 교육 현장에서 대하게 되는 어린이들의 문제 사례들을 모으고 제기된 문제를 인적·물적 교육 환경과 유아의 발달 심리에 맞추어 조명하면서 유아 교육에 관심 있는 많은 분들과 같이 생각해 보고자 하였다.

특히 자녀를 너무나 잘 길러 보고 싶은 과욕 때문에 오히려 편견에 사로잡힌 젊은 부모님의 편벽된 마음의 문을 열게 하여 자녀 양육에서 시행착오를 조금이라도 줄이는 데 작은 역할이라도 했으면 하는 간절한 바람으로 이 책을 내놓지만 의욕만 앞섰지 미흡하기 짝이 없다.

이제 나도 40년 넘게 지켜 온 교단에서 내려서야 할 때가 가까워진 것을 느끼며 극히 지엽적이긴 하지만 유아 교육이 어디에 문제가 있는가를 제기했다는 것에 보람을 느끼며, 아울러 오랜 세월 동안 교단만 지켰지 교사의 길을 제대로 걷지 못하고 책임을 다하지 못한 것에 대한 속죄의 변으로 삼고자 한다.

2006년 12월 20일
최낭규

3부　춤추고 그리는 곳만 아니다...

1부 어디에 앉아요...

키가 모자라는 엘리베이터 버튼
• 수평적 사고 •

～∽

　십몇 년 전만 해도 춘천에는 엘리베이터가 설치되어 있는 건물이 한림대학 부속병원뿐이었다. 어쩌다가 부모를 따라 부속병원에 가서 엘리베이터를 타고 오면 아이들에겐 큰 자랑거리였다. 그런데 몇 년 사이에 12층, 15층 되는 고층 아파트가 우후죽순처럼 도처에 즐비하게 들어서자 엘리베이터를 타보았다는 자랑도 아이들의 화제에서 사라지고 말았다.

　아파트 건설과 분양이 활발해지면서 유치원 어린이들 가운데 학년 중간에 새 아파트로 입주하여 이사가는 가정이 많아지게 되었다. 어린이가 학년 중간에 이사가게 되면 스쿨버스 운행에 큰 차질이 생긴다. 거주지별로 확정된 버스 운행 시각을 몇몇 어린이의 거주지 변동 때문에 재조정한다는 것이 그리 쉬운 일은 아니다. 가까운 거리에서의 변동이라면 버스 운행 시각을 조정할 수도 있는데, 그렇지 못하면 이사간 어린이는 유치원을 그만둘 수밖에 없다. 유치원 전체의 정상적인 교육 활동을 위해서는 불가피한 일이다.

원아 확보 때문에 원근 각처에 산재해 있는 어린이들을 수송하느라 오전 일과 시작 시간이 훨씬 넘도록 운행되고 있는 유치원 버스들을 보면 안타까움을 금할 수 없다.

우리 유치원에서는 입학 원서를 접수할 때 스쿨버스 운행을 고려하여 입학을 허가한다. 통학 거리가 멀거나 교통 혼잡 지역을 통과해야 할 경우에는 어린이의 통학을 집에서 책임지는 조건이라야 입학을 허용한다. 그렇지 않으면 스쿨버스 운행 때문에 유치원 전체의 하루 일과에 큰 차질이 빚어질 수 있기 때문이다.

새로 생기는 고층 아파트는 대개 시내 외곽 지역에 들어서기 때문에 어린이가 학년 도중에 이사를 가게 되면 스쿨버스 운행 코스에서 제외되어 퇴원할 수밖에 없는 경우가 종종 생긴다.

승미와 연순이네가 학기 도중에 지역은 다르지만 보름 간격으로 신축 아파트 12층과 15층으로 각각 이사를 했다. 두 어린이 모두 스쿨버스 운행이 어렵다고 했더니 퇴원은 못하겠고 계속 다녀야겠으니 아침에 등원하는 것은 집에서 책임지고, 공부 끝나고 집으로 돌아올 때만 좀 늦어도 좋으니 유치원 버스로 데려다 달라고 했다. 그래서 그렇게 하기로 허락을 했다.

처음 며칠간은 유치원 버스가 승미네 아파트에 도착할 시각이면 승미 어머니가 밖에 나와 마중을 하곤 했는데, 어느 날 어머니가 나오지 않았다. 차에서 내려 주고 혼자 올라가라고 했더니, 징징 울면서 아파트 현관으로 들어갔다. 가끔 어머니가 보이지 않는 날은 울면서 데려다 달라고 앙탈하는 것을 냉정하게 뿌리치고 헤어지는 실랑이가 벌어지곤 했다.

하루는 아예 내 옷자락을 꼭 움켜잡고 놓지 않으며 애걸하듯이

"원장 선생님, 원장 선생님 데려다 줘요."

하고 막무가내로 울어 댔다.

'나는 할 수 있어요'가 우리 유치원의 원훈이고 가능한 일은 스스로 하도록 하는 것이 우리 유치원의 교육 방침이기는 하나 오늘은 한번 상황을 파악해 보려고 승미를 데리고 갔다.

엘리베이터를 타고 12층까지 데려다 주면서 왜 혼자 못 오느냐고 물었더니 엘리베이터의 12층 버튼에 손이 닿지 않아 내릴 수 없다는 것이다. 엘리베이터를 못 타니까 1층부터 계단으로 걸어서 올라가는데 무섭기도 하고 힘들다는 것이다. 엄마가 관리소 아저씨한테 엘리베이터 안에 발판을 만들어 달라고 했는데 아직 안 해놓았단다.

승미네 아파트 엘리베이터 발판 문제가 해결될 무렵 연순이네가 아파트 15층으로 이사를 했다. 첫날 아파트 앞에서 내려 주고 혼자 갈 수 있느냐고 물었더니 얼마든지 혼자 갈 수 있다며 뒤도 돌아보지 않고 달려갔다.

다음날 엘리베이터 문제가 궁금하여 물어 보았다.

"연순아, 엘리베이터 15층 단추에 손이 닿니?"

"아니오."

"그러면 계단으로 걸어 올라갔구나!"

"아니오."

"그러면 어떻게 집에 갔어?"

"엘리베이터 타고요."

"어떻게 내렸어?"

"10층 단추 누르고 거기서 걸어 올라갔지요."

승미와 연순이의 문제 해결 방법에는 작은 것 같지만 엄청난 큰 사고의 차이가 있다.

엘리베이터 12층 버튼에 손이 닿지 않는 승미의 문제 해결 방법은 키 큰 어른의 도움을 받는 방법, 즉 어머니가 마중을 나오거나 유치원 선생님이 12층까지 데려다 주는 것, 또는 관리소에서 엘리베이터에 발판을 설치하든가, 엘리베이터 제작 회사가 어린이도 불편 없이 작동시킬 수 있도록 배려하여 엘리베이터를 제작하든가, 아니면 엘리베이터를 타지 않고 1층부터 계단으로 걸어 올라가는 방법이다. 즉 엘리베이터의 높은 버튼을 어떻게 해결하느냐에만 문제의 초점을 맞추고 있다.

그러나 연순이의 문제 해결 방법은 다르다. 엘리베이터 15층 버튼에 손이 닿지 않는 문제는 같지만 문제를 해결하기 위한 생각[사고(思考)]은 다른 것이다.

'높아서 손이 닿지 않는 버튼을 어떻게 해야 할 것인가'라는 버튼에만 외곬수로 집착하지 않고, 높은 버튼 문제는 그대로 두고 다른 방향으로 생각한 것이다. 사고(思考) 방향의 확산과 시각(視覺)의 전환이다.

손이 닿지 않아 엘리베이터를 이용할 수 없으니 1층부터 계단으로 걸어 올라가야겠다는 것이 아니라, 손이 닿는 10층까지 가서 나머지 층은 걸어 올라간다는 생각이다.

연순이의 문제 해결 방법은 듣고 나면 아무것도 아닌 것처럼 생각되지만 사실 그것은 콜럼버스의 달걀 같은 수평적 사고(水平的 思考)의 결과다.

수평적 사고는 수직적 사고(垂直的 思考)가 한계점에 도달했을 때 필요하다. 수직적 사고는 승미의 문제 해결 방법처럼 분석적이고 논리적인 사고 방법이며 고정 관념에 사로잡혀 외곬수로만 생각하기 때문에 새로운 아이디어가 떠오르지 않는다.

반면 수평적 사고는 틀에 박힌 고정 관념이나 낡은 사고의 방법을 탈피하고 새로운 각도에서 사물을 관찰하므로 문제 해결의 새로운 아이디어가 창출된다. 따라서 수평적 사고는 고정된 방향이 없으므로 문제 해결을 위해 문제에서 멀리 가 보기도 한다.

콜럼버스의 달걀이나 솔로몬의 재판은 그런 면에서 좋은 본보기라 할 수 있다.

한 아기를 두고 서로 자기가 엄마라고 주장하는 두 부인에게 아기를 둘로 잘라서 나누어 주라는 것이 솔로몬의 재판이다.

혈액 검사나 유전자 검사를 한다든가 부모와 닮은 곳을 찾는다든 가 증인을 세운다든가 하여 잘못된 사실을 철저히 규명하는 것은 전 통적이고 수직적인 사고다.

그러나 지혜의 왕 솔로몬은 수직적 사고의 강한 통제에서 벗어나 전연 새로운 각도에서 문제를 해결한다.

솔로몬 왕이 노린 것은 어느 부인이 인도적(人道的)으로 아기를 구 하려 하는가를 보기 위해서였다. 하지만 그 재판은 오히려 반대로 비 인도적이다. 사랑하는 아기가 두 동강으로 잘려 죽는 것을 차마 견딜 수 없어 상대방 부인에게 아기를 넘겨 주는 길을 택한 엄마가 정말 엄마라는 사실을 얻어낸 것이다.

과거에는 수직적 사고가 역사를 주도해 온 것이 사실이나 우리가 교육하는 어린이들이 살아갈 미래에는 수평적 사고가 높은 비중으로 역사를 창출해 가야 할 것으로 본다. 새로운 각도에서 사물을 보는 두뇌 능력에 의한 인간의 창조적 기능이 진보·성장할 인류 역사의 원동력이 되는 것이다.

수직적 사고는 논리가 두뇌를 지배하지만 수평적 사고는 논리가 두 뇌의 뜻대로 움직여진다. 그런데 두뇌의 기능은 언제나 수직적 사고 쪽으로 기울기 쉽기 때문에 우리는 어린이들이 수평적 사고 훈련을 많이 할 수 있도록 자극을 주고 경험을 강화시켜 나가도록 해야 한다.

전통적인 우리의 교육 제도는 암기 위주의 시험 등으로 수평적 사 고를 억압해 온 것이 사실이다.

그러나 새로운 역사의 창조와 문명의 발전은 추상적이고 논리적인 가능성보다 실용성이 적용되는 수평적 사고에 의해 이루어질 것이다. 위대한 과학자나 천재적인 발명가, 창조적인 예술가의 수는 많지 않지만 그들의 수평적 사고가 역사를 살찌우고 인류를 행복하게 해주었다.

어디에 앉아요?

• 과잉보호 •

∽∾

어린이는 날마다 새로워진다.

아침에 스쿨버스를 타고 등원할 어린이들을 맞으러 가는 일은 날마다 반복되는 일이지만 날마다 신선한 설레임으로 유치원을 출발하게 된다. 스쿨버스를 기다리며 삼삼오오 줄지어 승차장에 서 있는 사랑스런 모습들이 마음을 설레이게 하는 것이다.

그러나 새로 입학을 한 학년초에는 스쿨버스로 등원하는 이들과의 만남이 마냥 즐겁기만 한 것은 아니다. 지금까지 잘못 길러진 듯한 어린이의 행동들이 나를 우울하게 만드는 경우가 종종 있기 때문이다.

스쿨버스가 어린이들이 기다리고 있는 승차장에 도착하면 어린이들은 저마다 재잘대면서 인사하며 버스에 올라탄다. 그러나 버스 승강문이 성인 기준으로 만들어졌기 때문에 어린이들은 발을 들어 올려놓기가 높은 편이다. 때문에 대개의 유치원 버스들은 선생님이 내려가서 안아 올려 주거나 배웅 나온 어머니가 안아 올려 준다.

그러나 우리 유치원 버스에서는 문이 좀 높긴 하지만 위에서 손만 잡아 주고 스스로 올라오게 한다. 문제는 버스 안에 들어온 후다. 빈 자리를 스스로 찾아가 앉는 어린이가 있는가 하면 그냥 통로에 서 있는 어린이도 있다.

"빈자리에 가 앉아요."

보다 못해 독촉을 하지만

"어디에 앉아요?"

하면서 그냥 서 있는 어린이들이 이 아침을 우울하게 만드는 것이다. 두 번 세 번 의도적으로

"빈자리에 가 앉아요."

하면서 저들을 지켜보지만 '어디에 앉아요?'로 버티고 서 있는 모습들은 차라리 가련해 보이기까지 한다.

어디가 잘못되었는가?

자기 자신의 뜻이나 생각을 가지고 자기 힘으로 능동적이고 적극적으로 행동하지 못하고 누군가가 명령하고 지도하고 도와주어야 움직인다는 것은 어린이들의 성장 발달 과정에서 매우 심각한 문제가 아닐 수 없다.

어린이들이 스스로 생각하고 행동해야 할 사고와 행동의 영역을 부모가, 교사가 침범하였기 때문에 무기력하고 자주성 없는 어린이

가 된 것이다. 한마디로 과보호받고 자란 어린이들이다.

이들은 무엇이나 부모가 미리 알아서 다 해주었기 때문에 자기 생각대로 해보거나 자기 능력을 발휘할 기회가 적었다. 지금까지 자신의 문제를 자신의 힘으로 해결하도록 기다려 주지 못하고 너무도 빨리 도와주고 너무도 쉽게 그들 앞에 있는 장애물을 제거하며 생각과 행동을 대신해 준 부모의 지나친 친절과 과잉보호로 도움과 지시만 받고 자라온 결과이다.

'어디에 앉아요?' 하고 묻는 어린이의 손을 잡고 '여기 자리가 비었지, 여기 얌전히 앉아 있어요' 하고 자리를 안내하고 지정해 주었더라면 아주 얌전히 앉았을 것이고, 그렇게 키워져 온 어린이는 부모의 뜻대로 잘 움직여 주는 예의 바르고 사랑스런 자녀로 보였을 것이다.

자기의 일이나 문제를 자기가 생각하고 스스로 판단해서 자기 능력과 방법으로 해결하고 처리해 가는 자주력과 독립심이 하루아침에 길러지지는 않는다.

자식을 잘 길러 보겠다는 과욕이 부모의 판단을 흐리게 하고 과잉보호의 역기능으로 나타나 어린이의 사고 영역을 침해함으로써 그들의 사고력과 의지 발달을 저해하였고 육체적 기능 발달의 장애 요인이 된 것이다. 과잉보호가 어린이 스스로 무엇을 해보려는 의욕을 앗아간 것이다.

어려서부터 정신적으로나 육체적으로 자기 능력을 발휘할 기회가 적었기 때문에 능동적이고 자발적으로 그 무엇을 해보려는 생각을 갖지 못하고 커서도 남에게 의지하게 되고 자신감을 갖지 못하게 되는 것이다.

영국 셰필드 대학의 교수로서 소아발달학의 제1인자인 일링워스(Illingworth, R.S.)는 그의 저서 『정상아(*The Normal Child*)』에서 다음과 같이 말하고 있다.

"과잉보호의 결과는 심각하다. 어린이의 행동이 미숙해진다. 어린이는 언제나 어머니에게 의존하려고만 하여 여러 가지 행동 습관, 이를테면 혼자서 식사하기, 대소변 가리기, 혼자서 옷 입고 벗기 등의 습득이 늦어진다. 어린이가 불안정하다.

다른 어린이와 잘 어울리지 못하고 다칠까 두려워 뛰놀기를 꺼리고 걸핏하면 어머니에게 뛰어가 보호를 구하고 사고를 일으키기 쉽다. 나이가 들어도 친구를 사귀지 못한다."

홍영희 교수의 다음 말은 참으로 음미해 볼 만하다.

"요즘 우리 나라 어린이들을 지켜보면 앞으로 우리 나라에 서까래 감은 수없이 많아도 기둥이나 대들보감은 거의 없을 것 같다는 생각이 든다. 다시 말하면 윗사람이 시키면 그 시키는 일은 그런대로 할수 있는 사람은 많으나 국가와 사회와 민족을 이끌어 가고 역사를 창조할 수 있는 인물은 많지 않은 것 같다."

하나님의 창조적 섭리는 어린이들이 자기 속에 있는 생명력에 의해 스스로 자라 가게 하였고 어린이 자신의 문제와 세상일에 도전하라고 속삭이고 있는 것을 알아야 한다.

카우프만의 「광야의 샘」이란 글의 내용을 여기 소개한다.

내 책상 위에는 누에고치가 여러 개 있는데, 그 누에고치 표면에는 나방이 나온 통로인 작은 구멍이 보인다. 그런데 갓 나온 나방과 고치의 구멍을 비교해 보면 '어떻게 저 작은 구멍으로 나방이 빠져나올 수 있었을까?' 하고 생각될 정도의 작은 구멍이다.

그러던 어느 날 나는 이 작은 구멍을 통해서 누에나방 한 마리가 빠져나오는 것을 직접 목격하게 되었다. 도저히 믿기지 않는 일이었지만 오랫동안의 온갖 몸부림 끝에 정말로 그곳으로부터 누에나방이 빠져나왔던 것이다.

나는 누에나방의 이러한 행동에 동정을 보내지 않을 수 없었다. 그래서 옆에 있는 아직 나오지 못한 누에고치의 작은 구멍에 가위를 들어 커다란 구멍으로 만들어 주었다.

그랬더니 이 나방은 정말로 아무런 고통도 없이 쉽게 고치 속을 빠져나올 수 있었다. 별다른 노력도 없이 아무런 상처도 없이 자신의 몸을 누에고치 밖으로 쉽게 끌고 나와 날갯짓을 시도하는 것이었다. 참으로 잘한 일이라고 생각하며 계속 지켜보고 있었는데…….

나의 도움 없이 그 작은 구멍을 빠져나온 다른 누에나방은 시간이 지나면서 힘차게 날개를 펄럭이며 공중으로 치솟아오르지만, 나의 도움으로 쉽게 빠져나온 누에나방은 의외로 날개만 푸득거리며 제대로 날지를 못하는 것이 아닌가. 계속 한자리에서만 빙빙 돌더니 결국은 지쳐서 쓰러져 버리는 것이었다.

내가 가위를 들어 그 구멍을 크게 해준 것이 오히려 나방을 죽게 했던 것이다.

누에나방은 그 작은 구멍을 통해 온갖 몸부림을 하게 되고 그러는 동안에 힘도 길러지고 물기도 말라 완전한 나방이 될 수가 있었던 것이다.

어렵고 힘들어 보여도 스스로의 힘으로 그것을 이겨 낼 때 적응 능력이 길러지는 것이다. 나약한 자녀를 양산하고 있는 부모의 쓸데없는 동정이 결국은 자녀를 그르친다는 것을 알아야 한다.

먼저 틀지 못하는 수도꼭지
· 자주성 ·

～⌒～

아이들이 손을 씻기 위하여 수돗가 수도꼭지 앞으로 하나 둘 모이더니 차례를 기다리는 줄이 꽤 길어졌다. 바로 전에 미술 실기를 하느라 손에 묻은 물감을 씻기 위해서이다. 아이들의 줄서는 질서 훈련은 참 잘 되어 있다.

유치원 실내외 생활의 현장에서 차례를 지켜야 할 경우 누가 시키지 않아도 스스로들 줄을 만들어 서면서 질서를 지킨다. 중식이나 간식 시간 배식받을 때 질서정연하게 줄서는 일, 놀이터에서 미끄럼틀이나 그네 같은 놀이 시설을 이용할 때 차례를 기다리며 줄서는 모습들이 여간 사랑스럽지 않다. 박물관이나 과학관에 현장 학습을 갔을 때도 우리 어린이들의 질서 의식은 대단하여 관계 기관 직원들로부터 많은 찬사를 받는다. 대개 어린이들을 두렵게 하는 예방주사 접종 때도 예외는 아니어서 의사나 간호사의 칭찬을 많이 받는다.

그런데 오늘 수돗가에서 손을 씻기 위하여 줄서는 모습을 지켜보면서 처음에는 대견스럽고 마음이 흐뭇했는데 시간이 지나면서 그렇지 못하였다. 수돗가에는 수도꼭지가 여러 개 있는데 한 꼭지 앞에만 아이들의 줄이 길어졌던 것이다. 맨 앞의 어린이가 처음 틀어 물이 나오기 시작한 꼭지 쪽에만 뒤를 이어 줄을 서는 것이다.

누군가가 다른 꼭지의 물을 틀어 손을 씻겠지 하고 기다려 보았지만 시간만 흐르고 한쪽 줄만 길어졌다. 참다 못해

"얘들아, 저쪽에 가서도 씻어."

하고 시켰다. 그러나 줄을 선 아이들은 의아해하는 시선으로 나를 쳐다볼 뿐 자기 위치를 굳게 지키고 움직이질 않는다. 나중에 온 미연이가 또 긴 줄 뒤에 서려고 하기에 다른 꼭지 앞으로 가라고 해도 그대로 줄 뒤에 선다.

현재 물이 나오고 있는 꼭지에만 생각들이 모여 있고 새로 꼭지를 틀어 물이 나오게 하는 일은 모두 자기와 관계 없는 일인 모양이다. 그래서 다른 수도꼭지를 틀어서 물이 나오게 해줄까도 생각해 봤지만 좋은 교육 방법이 아닐 것 같아 더 기다려 보기로 하고 그냥 지켜보고 있었다.

그런데 호철이가 오더니 차례를 기다리는 긴 줄을 보자 조금도 주저하지 않고 아이들이 없는 쪽 수도꼭지를 틀고 시원스럽게 나오는 물에 손을 씻는 것이 아닌가. 그제서야 미연이를 비롯한 줄 꼬리 쪽

아이들 몇몇이 굳게 지키던 먼저 줄을 이탈하여 호철이 뒤에 짧게 새 줄을 만든다. 아직도 틀면 물이 나올 수도꼭지가 몇 개 더 있는데……

남이 틀어놓은 수도꼭지 앞에는 열심히 그리고 질서 있게 줄을 잘 서지만, 스스로는 새 수도꼭지를 먼저 틀어 물이 나오게 하지 못하는 우리 어린이들을 보면서 마음이 여간 무거운 것이 아니었다.

물론 모든 어린이들이 다 그런 것은 아니다. 비록 일부이긴 하겠지만 이것은 부모의 과잉보호로 인해 자주력을 기르지 못하고 성장하는 요즘 어린이들의 한 단면이다.

누가 이 어린이들을 그렇게 만들었는가! 자녀를 너무도 잘 길러 보고 싶어하는 극성스러운 부모요 교사가 아닌가?

과연 우리가 그렇게 잘 키워 보고 싶은 인간형이 다른 사람 뒤에 열심히 줄만 잘 서는 어린이여야 하겠는가?

부모나 교사가 어린이의 모든 생활을 설계하고 행동을 일일이 규제하면서 어린이가 생각할 기회를 주지 않고 너무나 빨리 생각을 대신해 주는 과보호가 어린이의 사고 영역을 침범하였고, 어린이가 직접 몸을 움직여 해야 할 일을 너무나 친절히 대신해 주어 그들의 행동 영역을 침범한 결과 어린이들은 사고의 독립, 의지의 독립, 생활의 독립을 이루지 못하고 자주성을 잃게 된 것이다.

자주력을 기르지 못한 어린이들에게서는 창의력이나 진취적이고 개척자적인 기백을 찾을 수 없다.

부모나 교사의 지시를 따라 주어진 것은 열심히 하지만 자기 스스로 목표를 세우고 계획하여 추진하는 실행력은 결여되어 있다. 과잉보호의 결과가 무기력하고 소극적이며 나약한 어린이를 만드는 것이다.

어린이는 모든 면에 흥미와 관심과 의욕을 가지고 성취감을 느끼며 자신을 성장시켜 갈 힘을 가지고 있는데, 부모나 교사가 그들의 재량권을 박탈함으로써 성장과 능력 신장이 저해받고 있는 것이다.

"유치원 갔다 와서 학원에 가거라. 학원 갔다 오면 냉장고에 있는 주스 꺼내 줄게. 주스 마신 후에는 엄마가 목욕시켜 줄게. 목욕한 후 오늘 놀이는 퍼즐 장난감 맞추기를 해야겠다. 퍼즐 맞추기가 끝나면 한잠 자야 한다."

"나무에 오르지 마, 위험해!"

"톱으로 그 나무 자를 거야? 손 다쳐, 내가 잘라 줄게, 이리 줘."

"그 장난감 움직이는 방법을 잘 모르겠니? 이리 가져와, 내가 가르쳐 줄게."

"그 장난감은 값만 비싸고 좋지 않은 것 같다. 엄마가 골라 주는 것을 사도록 해."

"오늘은 반팔 노란색 티셔츠에 권색 반바지 입고 샌들 신고 유치원에 가거라."

"힘들게 그 물건 나르지 마, 아빠가 다 옮겨 줄게."

"주스캔 뚜껑이 잘 따지지 않니? 이리 가져와, 엄마가 따줄게. 그리고 밥을 금방 먹었으니 주스는 반만 마셔라."

"너무 더워 땀난다. 이 나무 그늘 밑에 와 가만히 앉아 있어."

"계단 오르기 힘들지? 아빠가 도와줄게."

"반찬을 그렇게 많이 먹으면 짜서 안 돼, 한 개씩 먹어."

"네 맘대로 하니 그렇지, 엄마가 시키는 대로만 해."

"너는 못해. 그만 둬."

"이 일은 엄마 혼자 할게, 너는 가서 공부나 해."

이것이 자녀를 너무나 사랑한다는 오늘날 우리 부모들의 모습이다.
그렇게 길러진 우리 어린이들의 모습은 또 어떤가?

"엄마, 여기서 놀아도 돼?"

"엄마, 옷 입혀 주세요. 물 주세요."

"엄마, 영희가 놀러왔는데 들어오라고 할까?"

"이 그림책 그만 볼까?"

"아빠, 저 미끄럼틀 올라가서 타봐도 돼?"

"엄마, 이 크레파스 여기다 놓으면 돼?"

"엄마, 이 그림에 나무를 그릴까 말까? 여기에 토끼를 두 마리 크게
그리면 안 돼? 이것은 꽃을 그린 건데 무슨 색을 칠할까?"

"이 과자 영희 하나 주면 안 돼?"

"엄마, 이 사탕 껍질 쓰레기통에 버릴까?"

"엄마, 어린이 시간이 됐어요, 텔레비전 켜주세요."

"오늘 더운데 모자 쓸까요 말까요?"

자주성이 부족한 어린이에게서 나타나는 표면적 행동 양태를 정리해 보면 다음과 같다.

- 무기력하여 하고자 하는 의욕이 적고 누구의 시킴을 받지 않으면 움직이지 않는다.
- 판단력이 부족하여 다른 사람이 시키는 일은 잘 하나 스스로 판단하고 행동하는 일이 적으며, 시비를 가릴 문제는 부모나 친구의 명령이나 지시를 기다린다.
- 소극적이어서 스스로 목표를 세워 박력 있게 실행하지 못하고 학습할 때나 다른 사람의 질문에 자신있게 손들고 대답하지 못하고 주위 동정을 살핀다.
- 의타심이 강해서 조금만 난관에 부딪쳐도 남에게 의존하려 한다.
- 사회성이 부족하고 교우 관계가 원만치 못하여 외톨이로 떨어져 지내는 경향이 있다.
- '잘 못하면 어쩌나, 실수하거나 실패하면 어쩌나?' 하고 불안해하며 부모나 교사가 어떻게 생각할까를 의식한다.
- 늘 계속되는 긴장 속에 생활한다.

  자주성이 부족한 어린이는 대개 욕구 충족의 경험이 적은 데 그 원인이 있다. 어떤 계기를 만들어 성취감이나 만족감을 맛보게 하여 자신감을 쌓아 가는 경험이 중요하다.

  성취감을 맛보게 하기 위해서는 어린이가 가지고 있는 소원과 불만이 무엇인가를 알아서 그것을 충족시킬 수 있는 여건을 조성해 주어야 한다. 뿐만 아니라 어린이의 특성과 능력에 맞는 일이나 목표를 갖게 하는 것이 중요하다. 이때 난이도를 고려해야 한다. 실현이 곤란하여 중도에 포기하게 되면 오히려 자주성을 키우는 데 저해 요인이 될 수 있기 때문이다.

어려서부터 욕구 충족이나 성취감을 맛볼 수 있는 경험을 많이 하도록 해야 한다. 어떤 목표나 일을 해낸 성취감은 다음 활동을 할 수 있는 에너지가 되어 긍지와 자신감을 갖게 하고, 왕성한 의욕을 가지고 자기 일에 몰두할 수 있게 한다. 성취감을 느껴 본 경험이 적으면 정상적인 판단력이 길러지지 않고 모든 일에 소극적이고 내성적인 성격으로 될 우려가 많다.

지나친 간섭이나 보호로 어린이의 시행착오를 최소화시켜 가며 양육하려는 부모의 자세에도 문제가 크다.

심한 장난으로 다친 경험이나 미숙한 행동으로 시행착오를 겪은 적이 있는 어린이가 있는가 하면 부모가 시키는 대로만 해서 얌전하고 실패 경험도 적은 어린이가 있다.

전자는 능동적이어서 자주성이 발전할 싹을 가진 어린이인 반면, 후자는 소극적이고 의존성이 강한 어린이로 자랄 수밖에 없다.

자주적인 어린이가 바람직하다는 것을 알고는 있지만 불안해서 어린이 자신에게 맡기지 못하는 부모님께 자녀 양육에는 어느 정도의 용기와 모험이 필요하다고 말하고 싶다.

자주성은 어려서 키우지 않으면 기르기 힘들다. 어린이가 자주성을 기르며 자아를 확립해 나갈 때 자신의 능력을 최대한으로 발휘하며 살아갈 수 있다.

주체성이 있게 된다.
개척성이 있게 된다.
창조성이 있게 된다.
독립성이 있게 된다.
적극성이 있게 된다.
자발성이 있게 된다.
자기 통제 능력이 있게 된다.

군인 아저씨 살아났네

• 사고(思考) 발달 •

현충일이 지나고 며칠 뒤의 일이다. 유치원 공부를 끝내고 스쿨버스로 어린이들을 귀가시키는데 시내에서 군인들이 타고 가는 군 트럭이 앞서 가는 것을 보게 되었다. 아이들이 무척 좋아한다.

"아저씨", "군인 아저씨" 하며 부르기도 하고 손을 흔들어 반가운 사인을 보내느라 야단들이다. 군인들도 우리 버스를 향하여 웃으며 손을 흔들어 준다.

아이들은 민간인들과는 다른 제복을 입고 투구를 쓰고 총을 멘 군인을 무척 좋아한다. 아이들은 무엇이나 새롭고 변화 있는 것을 좋아한다. 그래서 유치원 선생님의 헤어스타일과 옷차림에도 매우 민감하게 반응한다.

담임 교사보다 아이들과 가까이 할 기회가 적은 원장도 넥타이만 바꿔 매도 즉시 반응이 온다. 평소 유치원에서 활동하기 좋은 점퍼 차림으로 지내다가 정장을 하고 넥타이를 매면 그 날은 영락없이 아이들에게 질문 공세를 받는다.

"원장 선생님, 어디 가세요?"

"원장 선생님, 오늘 결혼하세요?"

이와 같은 질문을 여러 어린이에게서 받아야 하고 일일이 대답해야 한다.

유치원 교사의 옷차림이나 외양은 어린이들에게 친근감을 주고 그들의 정서에도 많은 영향을 주기 때문에 간접적인 교육 매체로서의 의미도 크다.

"어! 군인 아저씨 살아났다. 다 돌아가셨는데 다시 살아났네."

윤철이가 대단한 발견을 한 듯이 큰 소리로 외친다.

"군인 아저씨가 왜 죽냐? 이 바보야."

다른 어린이의 면박이다.

"현충일 몰라? 군인 아저씨가 나쁜 사람들과 싸우다가 다 돌아가셨다고 선생님이 그랬잖아."

"야, 군인 아저씨가 다 죽으면 어떻게 하냐?"

자기들끼리 갑론을박하느라 야단들이다.

현충일과 국군에 대한 윤철이의 오해를 차 안이라 길게 설명할 수는 없고 간단히 설명해 주었다.

교실에서 현충일을 전후하여 현충일의 의미에 대하여 공부했는데,

윤철이는 유아기 어린이들의 사고 발달 특성인 자기 중심적인 사고에 의하여 모든 군인이 나라를 위해 싸우다가 전쟁터에서 다 사망한 것으로 간단히 믿고 그렇게 단정해 버린 것이다.

그래서 유아 교육에서는 어린이들의 이러한 사고 발달 특성을 고려하여 교육의 누수 현상이 생기지 않도록 세심한 배려가 있어야 한다.

전에 안암동 한옥에 살았을 때다. 우리집 마당에는 목욕탕을 겸한 작은 광이 따로 있었는데, 2미터 높이쯤 되는 그 광의 슬라브 위가 장독대였다. 그런데 어느 날 다섯 살 난 둘째딸 아이가 장독대 위에 올라가 놀다가 슈퍼맨처럼 마당으로 뛰어내려 (날아서) 이마에 큰 상처를 입고 병원에 업혀 가 온 가족의 마음을 졸이게 한 일이 있었다.

TV에서 슈퍼맨이 하늘을 마음대로 나는 것을 보고 사람은 날 수 있다고 간단히 믿고 자기도 한번 날아 본 것이다.

교사나 부모는 유아기 사고 발달 특성을 잘 알아 두어야 안전사고를 예방할 수 있고 아울러 어린이가 건전한 인격으로 성장할 수 있도록 도와줄 수 있다.

유아기 사고 발달의 특성을 들어 본다.

그 중 하나가 실제론적 사고다.

유아는 보고 듣고 느끼고 생각하고 상상한 것을 모두 사실이라고 믿어 버리기 때문에 공상과 현실을 혼동하고 심리 현상과 물리 현상을 혼동한다.

유아는 동화책이나 TV에서 본 것이나 할머니에게서 들은 도깨비 이야기를 모두 정말이라고 생각해 버린다.

유아기의 또 다른 사고 발달 특성으로 자기 중심적 사고를 들 수 있다. 즉, 실념론(實念論)이다.

한 가지 사물에 대하여 종합적이고 객관적으로 생각하는 면이 미숙하고 주관적인 것을 객관적인 존재와 혼동하여 주관과 객관을 명확히 구별하지 못하는 것이다. 이 경우, 자기가 느끼거나 생각하는 것을 다른 사람도 그렇게 느끼고 생각하는 것으로 믿는다.

암시(暗示)에 걸리기 쉬운 특성도 있다. 나쁘다고 들으면 사실 여부와 관계없이 나쁜 것으로 생각해 버린다.

몇 해 전의 일이다.

은주가 교실에서 100원짜리 동전을 잃어버렸는데 선생님이 주워 가지고는 자기에게 돌려주지 않았다며 아주 나쁜 선생님이라고 어머니에게 말하고는 다음날부터 유치원에 가기 싫다고 했다. 그 바람에 담임 선생님이 은주와의 상호 작용 관계 개선을 위해 한동안 애먹은 일이 있다.

교실의 주인은 선생님이므로 교실에서 자기가 잃어버린 돈을 선생님이 주워 가진 것이라고 생각하고 그렇게 사실로 믿은 것이다.

생동론적(生動論的) 사고 특성도 있다. 물활론적(物活論的) 사고라고도 하는데, 어린이는 모든 사물에 마음이 있고 살아 있다고 생각한다.

소리와 그림이 나오는 라디오나 TV에도, 빛을 내는 촛불·전등·해·달에도, 움직이는 기계에도, 돌멩이에도, 나무에도 모두 마음이 있다고 여긴다. 객관적인 존재를 자신과 마찬가지로 생각하거나 느끼는 것이다.

이러한 사고 때문에 어린이들은 나무·인형 등 모든 사물과 대화할 수 있고 마음이 아름다울 수 있는 것이다. 가지고 놀던 인형의 팔이 떨어지면 너무 아파할 인형을 위로하며 눈물 흘리는 것이 어린이들의 사고다.

그 밖에 인공론적(人工論的) 사고도 있다.

어린이들이 보는 사물은 모두 부모를 비롯한 어른이 만든 것이라고 믿는다. 어른, 특히 부모는 무엇이든 할 수 있는 능력자라고 생각한다. 산도 바다도 건물도 모두 어른이 만든 것으로 믿는다.

피아제(Jean Piaget)는 위에서 말한 실념론·물활론·인공론을 통틀어 자기 중심성이라고 했다. 자기 중심적 사고에 기초하고 있다고 보는 것이다.

이러한 자기 중심적 사고는 어린이가 성장해 가면서 사회 생활을 심화시켜 나감에 따라 차차 사라지게 된다. 자기 중심적 사고에서 벗어날 수 있도록 하기 위해서는 어린이들에게 환경적 자극이나 지적 자극을 많이 주어 다양한 경험을 하게 하는 것이 필요하다.

이거 나쁜 새끼야

· 언어 발달 ·

∽

   겨울 방학을 얼마 앞둔 12월 중순이다. 춘천은 겨울은 몹시 춥고 여름은 몹시 더운 분지 기온의 특성을 지녀서 겨울과 여름 나기가 힘든 편이다.

   유치원 교육 활동에서 겨울철에 특히 어려운 것이 어린이들의 등원 지도다. 걸어서 유치원에 오는 어린이나 스쿨버스로 등원하는 어린이나 다같이 어렵다.

   스쿨버스를 이용하는 어린이에게는 승차 시각을 맞추어 주는 것이 매우 중요하다. 그렇지 않으면 모진 추위에 차를 기다리며 떨고 서 있어야 하기 때문이다. 비나 눈 때문에 도로가 얼어붙거나 차가 막혀 도로 소통이 원활치 못하여 스쿨버스 운행 시간이 정시보다 지연되어 어린이들의 승차 시각을 맞추지 못하면 여간 조급하고 난처한 것이 아니다. 버스가 도착하기만을 기다리며 추위에 떨고 서 있을 어린이들을 생각하면 몹시 초조해진다.

먼저 타는 어린이들의 시간이 5분 지연되면 다음 또 그 다음 정류장도 계속 연쇄적으로 지연되어 10분, 15분 자꾸 길어지게 마련이다. 스쿨버스 도착이 늦어져도 끝까지 추위에 떨며 기다리고 있는 어린이가 대부분이지만 어떤 어린이는 집으로 들어가고 만다. 추워서 들어간 어린이도 있고 차가 안 오거나 지나간 줄 알고 들어가기도 한다.

'추위를 참고 견디어 보는 것도 극기력을 기를 수 있는 좋은 교육 경험이다. 겨울에도 반바지를 입히고 얼음을 깨고 물 속에 알몸을 담그는 극기력 훈련을 시키는 이웃나라 유치원도 있지 않은가' 하고 자위해 보지만, 그것은 그냥 마음속의 넋두리일 뿐 교육이 인간 행동의 계획적 변화를 가져오게 하는 것이라고 정의할진대 교육이라고 합리화할 수는 없다. 처음부터 교육적 목적을 위하여 추위에 서 있도록 계획했다면 모를까.

어느 몹시 추운 날이다. 스쿨버스가 수호와 다른 두 어린이가 기다리는 정류장에 7분 정도 늦게 도착해서 세 어린이를 태우고 출발하려는데, 수호가 어머니가 준비물을 가지러 집에 들어가셨으니 기다려 달라는 것이다. 1분 2분 시간은 초조하게 자꾸 지나가는데 수호 어머니는 오시지 않는다. 나는

"수호야, 늦어서 안 되겠다. 그냥 가자."

하고 차를 출발시켰다. 그런데 차가 출발하자마자

"이거 나쁜 새끼야!"

하며, 느닷없이 수호가 소리치는 것이 아닌가. 순간 수호의 이런 행동과 말을 어떻게 처리하는 것이 바른 교육 방법일까 생각하며 빨리 결정을 내려야 했다.

'아무 일도 아닌 듯 못 들은 척 그냥 넘겨 버릴까.'

어린이가 바람직하지 못한 행동을 보일 때 부모나 교사가 이를 대단히 심각한 문제로 삼고 대응할 때 어린이들의 문제 행동은 교정되기보다 더 심화되는 것이 어린이들의 심리 발달 양상이기도 하기 때문이다. 다시 말해 어린이의 순간적인 문제 행동을 심각한 문제라고 생각하기 때문에 어린이는 더욱 문제화되는 것이다.

서울에서 모 사립 초등학교에 근무할 때다.

학년초에 4학년을 새로 담임하게 되었는데 3학년 때의 담임이 학급을 인계하면서 특별히 선화 지도에 신경을 쓰라는 것이다. 도벽성 때문이다. 일년 내 학급에서 돈이며 학용품이 없어지고 심지어 교사의 지갑도 없어졌다는 것이다. 사건이 생길 때마다 범인을 찾기 위하여 갖가지 방법을 동원하였는데, 결국 선화의 자백을 받아내 별도로 교육적 지도도 했으나 그때뿐 별로 효과가 없었다는 것이다.

4학년이 된 지 얼마 되지 않아 예의 그 도난 사건이 발생했다. 한 어린이의 우유 급식 대금이 없어진 것이다. 종례 시간에 분실 사실과 삶의 도리에 대하여 짧게 얘기하고 범인을 찾으려는 노력을 하지 않고 분실한 액수만큼 교사가 대납하여 분실한 어린이에게 서무실에 가서 납부케 하였다. 학급 어린이들이 모두 의아해하는 시선들이지만 무시하고 모두 귀가시켰다.

선화의 도벽성은 어머니 없이 무서운 할머니에게서 자라며 애정 결핍에 그 원인이 있음을 알게 되었다. 도난 사건을 크게 문제화하여 범인을 찾아내려는 노력을 반복하기보다 선화의 결핍된 애정 욕구를 교사가 보상해 주는 노력으로 선화의 문제는 서서히 해결되었다.

그러나 '이거 나쁜 새끼야' 하는 수호의 문제는 위와 같은 원리를 적용시켜서는 안 되겠다는 생각이 들었다.

어른이 어린이들의 버릇과 예절을 지도해야 할 책임을 포기하여 어린이가 왕으로 군림하게 된 오늘이 아닌가! 가정에서는 아버지의 권위가 상실되고 학교에서는 선생님의 교권이 상실되고 사회에서는 어른의 위상이 상실됨으로써 어린이들은 자기 중심, 자아 위주의 오만함이 품성화되어 가고 있지 않은가. 자식이 칼로 부모를 살해하고 시신에 방화한 저 패륜아의 사건은 부모나 교사가 권위와 책임을 포기한 업보가 아니겠는가! 끊고 맺는 제재가 없어 자아가 비대해진 요즘 어린이들을 어떤 방법으로 구제해야 하는가. 평소에 늘 문제시했던 것에 생각이 미치자, 나는

"선생님에게 나쁜 새끼가 뭐야!"

하고 의도적으로 목소리에 힘을 주며 뺨을 한 대 때렸다. 아마 지금껏 자라 오면서 부모에게도 그렇게 맞아 본 일은 없었을 것이다.

워낙 준엄하게 꾸짖고 때리니까 많이 아프고 겁도 났을 터인데 소리 내어 울지도 못하고 울먹이고만 있는 것이 여간 애처롭지 않다.

시간이 좀 지난 뒤

"수호야, 아프지?"

하고 가슴에 꼭 끌어안았다. 그제야 수호는 엉엉 큰 소리로 흐느끼며 울기 시작했다.

어른들을 섬기는 자세가 어떠해야 한다는 것을 설교하지는 않았지만 이심전심의 교감으로 교육이 이루어졌으리라 믿는다. 다음날부터 수호는 거짓말같이 변해 있었다. 체벌이 어린이에게 부모나 교사의 교육적 소신과 깊은 애정을 전달해 주는 훈육 수단의 한 가지라고 믿지만, 체벌을 당한 어린이에게는 교사나 부모의 애정이 어떤 경우에나 그대로 전달되지는 않을 것이기에 조심스럽다. 어린이가 체벌당한 분노를 오랫동안 가슴속에 간직하게 될 경우, 정서장애의 요인이 될 수도 있기 때문이다.

수호가 원장 선생님에게 "이거 나쁜 새끼야" 한 것을 다른 각도에서 생각해 볼 수도 있다.

위에서 말한 자아 위주의 오만함 때문이라기보다 욕구 충족을 방해받은 어린이의 단순한 감정 표출이요, 지금까지 성장하면서 언어 발달에 필요한 환경 요인이 부족한 데 따른 성숙하지 못한 의사 표시에서 빚어진 결과일 수도 있다.

어린이의 성장 과정에 영향을 주는 환경 요인이 여러 가지 있지만, 어린이의 언어 발달에 특히 많은 영향을 미치는 것은 인적(人的) 환경이다. 유아기 가정의 언어 환경은 어린이의 지능 발달에 커다란 영향을 준다. 어린이의 언어 능력이 지적 발달과 직결되기 때문이다.

언어가 의사소통을 가능하게 하는 것은 물론 사고를 도와주고 행동을 조정해 주며 감정 발달에도 큰 영향을 미친다는 것이 언어 발달 이론이다.

따라서 어린이에게 좋은 언어 환경을 제공하기 위해서 부모와 가족은 끊임없이 노력해야 한다. 무엇보다도 풍부한 독서로 교양을 쌓고 풍부한 어휘력을 유효적절하게 구사하며 가족 간에 세련되고 모범적인 언어로 대화해야 한다.

그리고 언어 환경의 질적 향상을 위해서는 '먹는다', '많다', '보고 싶다'와 같이 단순한 사고를 요하는 초보적 언어 개념에서 더 나아가 '완성', '모름지기', '상호 작용' 같은 고도의 사고를 요하는 높은 수준의 추상적인 개념도 도입하여야 하고, 일상 생활에서 상황에 알맞게 문법에 맞는 완전한 문장으로 표현하여야 한다. 어린이는 부모나 가족들이 사용하는 언어의 특징과 언어의 질을 그대로 습득하게 마련이다.

수준 높은 언어 개념과 풍부한 어휘력으로 완전한 문장을 만들어 정확히 표현하는 언어 활동은 신체·인지·사회성·정서 발달 영역과 밀접한 관계를 가지며 삶의 질을 높인다.

원장 선생님, 나하고 결혼해요
• 애정의 싹 •

유치원을 개원한 지 십수 년이 지났지만 나는 개원 당시부터 지금
까지 계속 스쿨버스를 타고 어린이들이 유치원에 오고 가는 것을 보
살핀다. 교사들에게 맡기지 않고 왜 원장이 직접 스쿨버스를 타느냐
는 얘기를 많이 듣지만 다음 두 가지 이유 때문에 스쿨버스 타기를
고집한다.

첫째는 어린이들과 함께 버스를 타면 어린이들과 더 밀착되어 그
들의 세계를 더 깊이 이해할 수 있기 때문이고, 둘째는 교사가 스쿨
버스를 탐으로 인하여 교실에서 어린이들과 이루어져야 할 상호 작
용에 결손이 생기는 것을 막기 위해서이다.

원장이 버스를 탐으로 해서 유치원 운영을 전체적으로 기획하고

총괄하는 경영자로서의 책무를 수행하는 데는 비능률적인 면도 없지 않으나 그것은 하루 24시간의 시간 관리를 어떻게 하느냐에 따라 얼마든지 메울 수 있다고 생각한다.

스쿨버스 안은 언제나 어린이들의 생각과 그들의 살아가는 모습들이 적나라하게 노출되는 생활 현장이다.

어린이 성격과 나름대로의 소망도 기쁨도 고민도, 그리고 좋고 나쁜 가정 문제까지 여과 없이 속속들이 공개되는 곳이다. 아무도 의식하지 않고 아무 저항도 받지 않고 얘기들이 오고 간다.

때로는 정치·경제·사회·문화도 거론되고 나름대로 주장을 펴기도 한다. 내가 미처 알지 못했던 국내외 뉴스를 스쿨버스 안에서 그들을 통하여 얻어 듣는 경우도 종종 있다.

그런데 스쿨버스 안에서 어린이들의 입에 오르내리는 화제나 생활 태도는 아침에 등원할 때와 집으로 돌아갈 때 그 내용이나 질이 많이 다르다. 무더운 여름이면 더욱 그렇다.

아침에는 기쁘고 재미있었던 일, 새 옷이나 새 신 자랑, 가족의 외출·외식 자랑, TV에서 본 재미있었던 프로그램 얘기, 자기들끼리 언제 만나자는 약속 등 비교적 생산적인 데 비해 귀가할 때는 그렇지 못한 경우가 많다.

서로 흉보고 놀리는 일, 자리다툼하는 일, "얘가 때렸어요" 하고 이르며 우는 일 등 바람직하지 못한 경우가 많다. 아버지와 어머니가 싸워서 어쩌고 했다는 얘기도 자랑인 양 서슴없이 하는 것도 대개 이

때다.

따라서 이들과 같이하는 교사도 귀가 지도할 때에는 여간 마음이 쓰이는 것이 아니다. 몸도 마음도 지치고 무거워질 때가 많다.

'가정의 달'이라는 싱그러운 5월 아침 등원 시간이다. 성혜를 비롯해서 여덟 명의 어린이가 기다리는 아파트 앞에서 아이들을 태우고 다음 정류장을 향하여 가고 있을 때다. 옆에 앉은 성혜가 차에 올라올 때부터 전과 다르게 슬금슬금 내 눈치를 살피며 무언가 말을 걸고 싶어하는 것 같은 느낌을 받았는데 느닷없이

"원장 선생님!"

하고 부른다.

"으응, 성혜 왜?"

"원장 선생님, 나하고 결혼해요."

주위의 다른 어린이를 조금도 의식하지 않고 청혼을 한다. 흔히 있을 수 있는 아이들의 장난으로 가볍게 돌리기에는 그 태도나 말이 너무나 진지하다.

성혜의 '청혼'에 어떻게 대답해야 교육적일지 빨리 생각을 해야 한다. 그냥 "그래" 하고 웃으며 장난으로 넘겨 버려서는 안 될 것 같다.

"성혜야, 결혼은 성혜가 이 다음에 더 커서 할 거니까 지금은 생각 안 해도 되겠지? 그리고 원장 선생님은 어른이라서 벌써 결혼했어."

이렇게 잘 타이르며 성혜의 손을 꼭 잡아 주었다.

내 대답을 듣고 한참을 묵묵히 있던 성혜가

"결혼 안 한 것 같은데……"

하고 서운한 표정으로 말끝을 흐린다.

성혜가 원장에게 그렇게 프로포즈할 수 있는 것은 유아기의 애정 발달과 애정 형성 과정이 자연스러운, 행복한 어린이의 애정 표현이다.

여기 어린이의 애정 표현 사례를 하나 더 들고 유아기의 애정 발달 특성을 생각해 보기로 한다.

우리 유치원에는 300여 평 되는 넓은 유원장이 있고 교육과정에는 날마다 바깥 놀이 시간이 계획되어 있다.

이상적인 유아 교육은 무엇보다 어린이가 마음놓고 놀 수 있는 환경을 만들어 주는 것이라고 생각한다.

바깥 놀이 시간이면 담임 교사는 물론 원장·버스 기사까지 총동원되어 유원장에 나가 어린이들을 보살핀다.

물론 안전사고를 예방하기 위해서지만 동심 속에서 같이 뛰노는 것 또한 행복한 시간이다.

유원장에 나가면 내 양쪽 손에는 항상 두세 명의 어린이들이, 그것도 주로 여자 어린이들이 매달린다. 원장 손을 먼저 차지하려다가 경쟁에서 밀려나 서운하게 멀리 가버리는 어린이가 있게 마련인데, 그 어린이는 꼭 기억했다가 기회를 보아 내가 먼저 다가가 손을 잡아 준다.

경아는 내 손에 매달린 어린이가 한 명도 없을 때만 어떻게 보았는지 용케도 달려와 내 손을 독점하고 졸졸 따라다닌다.

한참을 그림자처럼 따라다니다가 다른 곳에 가 놀고 싶어지면 손을 놓고 내 손을 주먹을 쥐도록 말아 놓고는 자기가 다시 올 때까지 주먹을 펴지 말고 있으라고 다짐하고 뛰어간다. 한참 놀다가는 가끔씩 다가와서 내가 주먹을 쥐고 있는지 확인하고는 다시 가서 논다. 무심코 나는 손을 폈다가도 경아가 쫓아오는 걸 보면 빨리 주먹을 쥔다. 경아에 대한 선생님의 애정이 변함없음을 보여 주어 경아를 실망시키지 않으려는 배려에서이다. 어쩌다가 내게 달려오는 경아를 미리 발견 못하여 편 손이 그대로 있으면 경아는 자기 손으로 내 손을 주먹 쥐게 만들어 놓고 기뻐하며 또 놀러간다. 다른 어린이가 원장 손을 못 잡게 하려는 것이다. 독점하고 싶어하는 애정의 강한 표현이다.

애정은 사회적 동물인 인간의 정신 생활과 인간적 유대를 이루는 기본이라고 볼 수 있다.

출산한 아기를 정성을 다해 양육하는 동안 자녀에게 무한한 애정을 쏟게 되고, 이러한 애정을 받고 자라는 아기도 부모에 대한 애정의 싹이 트고 자란다. 따라서 애정은 상호적인 것이다.

이러한 애정의 싹은 태어날 때부터 접촉이 가장 많은 모자간부터 트기 시작해서 가족간의 애정으로 확대되고 성장하면서 좀 더 큰 사회와 애정 교류가 이루어지게 된다.

특히 학교 사회에서 교사와 어린이 간의 애정 교류는 어린이의 성장 발달과 인격 형성에 가정에서의 애정 교류만큼이나 중요한 의미를 갖는다.

애정은 어디까지나 상호적인 것이고 부모나 가족 또는 어른들과의 피부 접촉이나 언어를 매개로 경험하고 나누게 된다. 출생 이후 이러한 애정을 경험하지 못한 어린이는 어른이 되어서 애정을 나누어 주지 못하는 불행한 경우가 많다.

아기들이 응석부리거나 품에 안기려는 것, 뽀뽀나 볼비빔을 바라는 것 등은 모두 부모나 어른들에 대한 애정 표현이다.

애정 표현은 3~4세로 성장하면 상대를 기쁘게 해주려 들고 상대를 자기 것으로 독점하려는 것으로 나타나기도 한다.

어른에 대한 애정이 발전하면서 자기 또래끼리의 애정이나 작은 물건에 대한 애정도 형성되어 가는데, 인형을 꺼안고 뽀뽀하며 귀여워하거나 동생을 귀여워해 주면서 잘 보살피고 언니 구실을 하고 싶어한다.

애정은 어린이들의 정신적·신체적 발달과 인격 형성에 중대한 영향을 미친다. 그러므로 가정이나 학교(유치원), 사회에서 애정 교류가 원만하게 이루어지도록 배려해야만 한다. 어려서 애정을 받지 못한 어린이는 애정을 줄 줄도 모르고 받을 줄도 모르는 사람이 될 수도 있다.

오빠가 팬티를 찢었어요
• 어린이와 거짓말 •

〜◦〜

교실과 놀이터에서 저마다의 소리로 재잘거리며 뛰고 달리던 어린
이들이 썰물처럼 모두 빠져나간 후면 오늘 하루도 어린 생명들을 잘
지키고 그들과 꿈을 같이했다는 보람과 안도감으로 유치원의 하루를
접게 된다.

저녁 식사를 마치고 나른한 몸으로 TV를 보는 둥 마는 둥 맥을 놓
고 있는데 전화 벨이 '따르릉······' 울렸다. 수화기를 들자마자 은지
어머니가 다급하고 흥분한 듯한 목소리가 들려 왔다.

"원장 선생님, 이 일을 어찌하면 좋습니까? 선생님들은 뭣하는 사
람들입니까?"

전화 내용인즉 유치원에서 돌아온 은지를 저녁때 목욕시키려고 옷

을 벗기니 팬티가 갈기갈기 찢겨져 있어 깜짝 놀라 연유를 캐물었더니, 낮에 유치원 놀이터에서 중학생 같은 오빠가 나무 뒤로 데리고 가 옷을 벗기고 찢었다는 것이다. 너무 기막힌 일이라서 아직 은지 아버지에게 알리지도 못하고 아버지 몰래 유치원에 전화하는 것이라고 한다.

전화를 받으며 '설마 그럴 리가, 뭔가 잘못 전달되었겠지' 하고 마음속으로 애써 부인하면서 만약 그것이 사실이라면 이 일을 어찌할 것인가! 수화기 든 손에 힘이 쭉 빠지고 하늘이 무너지는 것 같은 걱정이 온몸에 엄습해 온다.

이것이 사실이라면 한 어린 생명을 지키지 못해 무참히 짓밟힌 그 마음의 상처를 어떻게 치유한단 말인가! 유치원에서 어린이가 성폭행당했다고 물 끓듯 퍼부어 댈 언론의 질타와 함께 날아드는 정죄의 돌멩이와 화살을 어찌 감당한단 말인가! 일생을 나름대로 교직에 몸바쳐 정성을 쏟아 온 말로가 이렇게 명예롭지 못한 죄인으로 막을 내려야 하는가! 만감이 교차했다.

우리 유치원은 아파트 단지 내에 있고 주변에 특별한 우범 지대도 없어 불량배가 접근하는 일이 없다. 그리고 바깥 놀이 시간에는 안전사고 예방을 위하여 원장과 교사 전원은 물론 버스 기사까지 배치시켜 놓고 있는 터이다.

이렇게 유치원에선 안전사고 예방에 최선을 다하고 있으므로 은지의 그러한 사고는 있을 수 없었을 것이라고 말했지만 흥분한 은지 어머니의 귀에는 들리지도 않는 기색이다.

담임 선생님과 함께 은지 집을 방문하여 사태를 구체적으로 파악하고 대책을 의논하겠다고 말하고 전화를 끊었다.

잠시 후 담임 선생님과 함께 은지네 집으로 갔다. 은지 어머니와 함께 셋이 별실에 모여 앉았다.

그런데 은지 어머니의 태도가 처음 전화할 때와는 좀 달라졌다는 느낌이 들었다. 흥분이 많이 가라앉은 것 같았다.

은지가 조금 전에 말을 바꾸었다는 것이다. 유치원 놀이터에서 당한 것이 아니라, 동네 놀이터에서 당했다는 것이다. 그 말을 듣는 순간 일말의 위안이 되었다. 내게는 참으로 구원의 소리라고 내심 자위하면서 그 말에 위안을 받고자 하는 자신의 모습이 부끄러워 교사로서, 신앙인으로서 자책과 반성을 할 수밖에 없었다. 나의 얼마 안 되는 인격이 그렇게 초라하게 느껴질 수가 없었다.

부끄러웠지만 솔직히 조금은 가벼워진 마음으로 문제의 팬티를 보자고 했다. 팬티를 보니 팬티가 갈기갈기 찢어졌다는 은지 어머니의 전화는 과장되었다는 것을 알았다. 갈기갈기 찢어진 것이 아니고 팬티가 낡아서 나른나른한데 원형 또는 타원형의 밤알 같은 둥근 구멍이 크게 작게 여러 곳 뚫려 있었다. 시멘트 바닥에 넘어지면서 미끄러지는 마찰로 뚫어졌거나 아니면 은지가 빨래한다고 빨래판에 문지른 일이 있지나 않을까 하는 생각이 들어 은지 어머니께 그런 의견을 얘기했다. 사람의 손으로 찢으면 이렇게 되는 것이 아니라고 했더니 은지 어머니의 태도가 한풀 꺾이며 많이 누그러졌다.

팬티를 보고 난 후 은지의 말이 사실이 아니라는 확신이 들었다.

내일 다시 만나 의논하기로 하고 비교적 가벼운 마음으로 유치원으로 돌아와 잠시 있는데 은지 어머니로부터 전화가 왔다.

대단히 죄송하게 되었다면서 가만히 생각해 보니 어제 자신이 은지 팬티를 빨래하고 탈수기에 넣었을 때 탈수기에 걸려서 터덜터덜했는데 그때 낡은 팬티에 구멍이 난 것을 미처 생각 못했다는 것이다.

요즘 학교 화장실에서 초등학생이 성폭행당했다는 보도가 언론에 오르내리면서 부모들의 과민반응과 피해망상이 이런 결과를 가져온 것이라고 생각한다.

"팬티가 왜 이렇게 찢어졌니?"

"……."

"유치원에서 그랬니? 놀이터에서 그랬니?"

"응."

"누가 그랬니?"

"……."

"어떤 오빠가 그랬니?"

"응."

떨어진 팬티를 본 순간 은지 어머니는 불길한 생각부터 들었고 어머니가 가상한 유도 질문대로 영리한 은지는 그럴듯하게 꾸며 댄 것이 사건의 발단이 되었던 것이다.

어머니가 자녀에게 무엇을 물어 볼 때 어머니가 원하는 대답이 나오도록 유도 질문을 하기 때문에 어린이들은 사실이 그렇지 않은데도 그렇다고 대답하는 경우가 많다.

어린이가 유치원에 가기 싫어하면 어린이 나름대로 이유는 다른데 있는데도 어머니가

"선생님이 다른 애만 예뻐하니?"

하고 여러 번 물으면 어린이는 그런 것 같기도 해서

"응, 그래서 유치원 가기 싫어."

하고 대답하게 된다.

어린이들이 거짓말을 하게 되는 원인은 여러 가지가 있다.

먼저 현실과 상상을 구별 못하고 하는 말이 있다. 동화책이나 옛이야기로 들은 것을 아까 그렇게 했다고 하는 경우가 그것이다. 또 시간 개념이 없어 하는 거짓말도 있다. 지난 주에 유치원에서 쓰던 크레파스를 집에 갖다 놓은 것을 잊고 아까 유치원에서 썼는데 없어졌다고 야단한다.

두 번째로는 주위의 관심을 끌기 위하여 하는 거짓말이다. 과잉보호로 인해 자기만 아는 어린이거나 애정 결핍, 열등감, 소외감, 질투심을 느끼는 어린이들이 자기를 나타내기 위하여 거짓말을 하는 것이다. 이런 때는 그 말에 무관심하거나 거짓임을 안다는 의사 표시를 가볍게 해주는 것이 좋다. 물론 원인을 찾아내 없애 주도록 노력해야한다.

다음으로 자기의 바람이나 소원을 충족시키기 위해 하는 거짓말도

있다.

유치원에서 돌아온 아이가

"엄마, 나 아까 어떤 아저씨하고 차 타고 외할머니 댁에 갔다 왔어."
하는 경우가 있다.

이때, 뻔한 거짓말을 한다고 야단칠 것이 아니라

"응, 외할머니 댁에 가고 싶지? 우리 방학하면 차 타고 외할머니 댁
에 갈까?"
하고 껴안아 주는 것이 좋다. 이것은 거짓말임을 안다는 어머니의 의
사 표시가 된다.

어린이들이 거짓말을 하는 원인 중에는 자기 방어를 하기 위해서
일 때도 있다.

너무 엄격한 부모 밑에서 자라거나 또는 어린이의 장래에 대한 부모
의 기대 수준이 높을 때 거짓말을 하기도 한다. 꾸지람을 들을까 봐 자
기 도피를 위하여 한 일도 안 했다고 변명하고 정당화하려 한다.

어린이들이 거짓말을 하게 되는 것은 대개 부모의 생활 모습에서
알게 모르게 배운 것이라고 생각하면 틀림없다. 따라서 자녀의 거짓
말을 책하기 전에 부모 자신의 생활을 반성해야 한다.

부모들이 대수롭지 않게 하는 거짓말을 들어 보자.

• 한 번 더 그런 짓 하면 순경한테 잡아가라고 할 거야.
• 울지 마, 밖에 호랑이 왔다.
• 망태 할아버지가 붙들어 간다.

- 자꾸 떼쓰면 의사 선생님이 주사 준다.

- 엄마 없다고 해.

- 아빠 오시면 그런 말 하지 마.

- 돈 없어.(조르는 게 귀찮아서)

이와 같은 말들은 모두 잔꾀와 속임수로, 당당하지 못하다. 그리고 그런 말 속에는 은연중 상대가 밉다는 감정이 내포되어 있고 남의 힘을 빌려 문제를 해결하려는 비겁함과 졸렬함이 나타나 있다.

놀 수 없는 아이, 놀지 않는 아이

• 어린이와 놀이 •

∽∾

어린이들의 이름과 얼굴을 아직 다 익히지 못한 학년초 3월 어느 날 유원장 놀이 시간이다. 드넓은 유원장에서 천사 같은 어린이들이 이리 뛰고 저리 뛰고 각종 놀이 기구에 매달리고 기어오르며 정신없이 놀고 있다. 그런데 유독 한 어린이가 벤치에 앉아 먼 하늘만 바라보고 있는 것이 아닌가. 가까이 가서 가슴에 달린 명찰로 이름을 확인하고

"오, 우리 민호 좀 껴안아 볼까."

하고 번쩍 들어 품에 안았다.

어린이들과 마음의 만남이 이루어지려면 스킨십(피부 접촉)이 빠르고 효과적이기 때문이다. 그러나 나는 예기치 못한 돌발 사태에 직면

하고 순간 당황할 수밖에 없었다. 민호가 순식간에 내 목덜미를 손톱으로 긁어 놓고는 품에서 빠져나가고 만 것이다.

유치원 어린이들은 손잡아 주는 것을 퍽 좋아하고 품에 안아 주면 더욱 좋아하는데 이렇게 껴안아 주는 스킨십이 오늘처럼 거부당하는 반작용을 맛보기는 처음 있는 일이다.

피부 접촉은 어린이의 마음을 안정시켜 준다. 특히 정서적으로 불안한 상태에 있는 어린이의 경우 마음속에 있는 긴장과 불안, 공포심을 풀어 주는 역할을 한다.

어린이의 마음의 문을 열고자 할 때, 칭찬해 줄 때, 야단치고 난 뒤의 스킨십은 교육적 효과가 아주 크다.

피부 접촉 방법으로는 서로 손을 잡든가, 껴안든가, 볼을 비비는 등여러 가지가 있는데, 정황에 따라 강도를 달리하면 퍽 효과적이다.

저녁 종례 시간에 민호 문제를 선생님들에게 내놓았다. 입학한 지한 달이 채 되지 않았지만 담임에겐 민호 문제가 매우 중요한 연구과제였다는 것도 알았다. 담임 선생님의 말로는 간식 시간에도 다른아이들은 즐겁고 맛있게 먹는데 민호만 멍하니 밖을 내다보며 먹으려 하지 않는 날이 많고 자유 선택 활동 시간에도 흥미를 보이지 않을뿐더러 활동하려는 의욕을 보이지 않는다는 것이다.

담임 선생님의 보고와 며칠간 주의 깊게 관찰한 결과 민호는 불안이나 우울증으로 '반항장애'와 '정서장애'를 일으키고 있지 않나 조심스럽게 진단하고 민호 어머니에게 교육 상담을 요청하였다.

4대 독자인 민호는 위로 누나가 하나 있는데 초등학교에 다니는 그 누나가 아주 영특해서 공부를 비롯해 무엇이나 잘하여 가족들의 사랑을 한 몸에 받고 있다고 했다. 그런데 4대 독자 민호가 태어나고부터는 온 집안이 민호에게 쏟는 정성과 기대가 여간 아니라는 것이다. 다른 집 아이들보다 뛰어나게 기르고 싶은 부모의 욕심으로 네 살 때부터 여러 가지 학습 활동을 시키고 있는데 요즈음은 유치원에 갔다 오면 태권도와 피아노 학원을 갔다 오고, 집에서는 또 매일 배달되는 학습지 일일공부를 엄마랑 같이 하느라고 놀 시간이 별로 없단다.

꽉 짜여진 스케줄과 부모의 과중한 요구에 전력을 다 소모해 버리기 때문에 자주적인 활동도, 그 나이에 맞게 친구들과 어울려 놀 기회도 별로 없다는 것을 상담을 통해서 알아냈다.

어머니와 상담하기 전에 유치원에서 내린 민호에 대한 진단이 적중한 셈이다. 민호는 부모의 과중한 기대와 부담을 견디기 어려워 정서장애를 겪는 것이라고 민호 어머니께 말하고 치료 방법을 제시하였다. 먼저 너무 잘 기르고 싶은 부모의 욕심부터 버리라고 했다.

그리고 일단 유치원 이외의 모든 학원 학습을 중단하고 그 시간에 동네 친구들과 마음껏 어울려 놀게 해주자고 했다. 그렇게 되기까지는 시간이 좀 걸리겠지만…….

옷이 더럽혀질까 봐 제대로 놀지 못하는 수철이 얘기를 하나 더 하고 어린이의 성장 발달과 놀이의 문제를 거론해 보고자 한다.

수철이 부모는 두 분 다 교사인데 집에서 좀 먼 시골 학교에 근무하는 까닭에 수철이는 할머니 할아버지와 같이 살면서 유치원에 다니고 있다. 그런데 수철이에 대한 할머니 할아버지의 애정이 여간 아니어서 그 정성이 이루 말할 수 없다. 점심 먹는 날이면 다른 아이들은 모두 도시락을 가져오는데 수철이는 점심 시간에 맞춰 따뜻한 밥을 할머니가 싸가지고 오신다. 옷도 하루가 멀다 하고 깨끗한 새 옷을 입혀 보낸다.

그런데 수철이에게는 이 새 옷이 문제다. 바깥 놀이 시간에 수철이가 큰 소리로 울기에 쫓아가 보았더니 이유인즉 옷이 더러워져 큰일 났다는 것이다. 할머니가 아침마다 유치원 가서 옷 더럽히지 말고 오라고 이르는데 새 옷이 더럽혀져서 할머니에게 야단맞게 됐단다.

다른 아이들이 타는 미끄럼이 하도 타고 싶어서 자기도 모르게 한번 탔다가 바지 뒤가 더럽혀져 울고 있는 것이다. 평소에 수철이가 다른 아이들처럼 놀이터에서 활발하게 뛰놀지 않아서 성격 탓인가 했는데 그것이 아니고 할머니의 새 옷이 수철이의 자유롭고 발랄해야 할 행동을 구속하고 있었던 것이다.

어린이들의 놀이는 놀이터에서 주로 이루어지는 미끄럼·자전거·공놀이·매달리기 등 신체 활동을 주로 하는 운동놀이와 소꿉놀이·가게놀이·학교놀이 등 사회성이나 상상력·언어 능력·창의력을 길러 주는 역할놀이(모방놀이), 적목·퍼즐·조립하기·만들기·그리기 등의 구성놀이, 책보기·동화듣기·인형극·비디오·TV보기 등의 수용놀이, 수수께끼놀이·말잇기·스무고개놀이·반대말찾기 등 언어놀이, 오감각놀이 등 다양하다.

이러한 놀이는 호기심과 창조의 욕구, 생산적 욕구와 표현하고자 하는 욕구를 총동원하여 몰두하는 어린이의 사업이다.

놀이 그 자체가 그들의 생활이요 작업이요 학습이다. 어린이들은 설명을 통해서 배우는 것이 아니라, 몸을 통해서 배운다. 어린이들은 놀이를 통해서 지식을 얻고 지혜를 키워 가며 경험의 폭을 넓혀 간다.

어린이들은 놀이를 통해서 신체적·정신적·지능적·정서적 발달이 이루어지고 원만한 성품과 인격이 형성되어 가므로 유아기의 놀이야말로 학과 공부나 예능 특기 교육보다 더 중요하다.

그런데 자녀를 보다 잘 기르고 싶어하는 많은 부모님들이 학습지를 하거나 학원 교습 받는 것만 어린이의 바람직한 생활로 의미를 부여하고 어린이의 놀이는 의미 없는 시간 낭비로 착각하고 있어 안타깝기 이를 데 없다.

놀이를 통해 감각력·사고력·창조력을 기르고 지혜와 지식의 폭을 넓혀 어린이의 지능이 높아진다는 것을 어머니들은 간과하고 있다.

놀이는 어린이의 심신을 건강하게 해준다. 잘 놀고 잘 뛰어다니는 어린이는 몸도 건강하고 마음도 소탈하고 대범하여 사소한 것에 마음쓰지 않는다.

놀이는 또한 어린이의 사회성과 인간성을 길러 준다. 친구와 어울려 노는 동안 우정과 협동심도 기르고 자기 의지와 자기 주장도 내세울 줄 알게 된다.

이제 우리 부모들은 어린이의 놀이 환경을 조성해 주기 위하여 물적·정신적 지원과 배려를 아끼지 말아야 함은 물론 그들의 놀이를 간섭해서도 안 된다.

'이렇게 놀아라 저렇게 놀아라, 위험하다.'

'조심해라 망가진다, 더러워진다.'

'밖에서 놀아라, 춥다 방 안에서 놀아라.'

이런 간섭과 잔소리는 어린이의 꿈과 창의력을 방해할 뿐이다.

어린이는 자기가 생각하고 자기가 좋아하는 방식대로 창의력을 발휘해 가며 자신의 꿈과 이상을 실현시켜 나가도록 해야 한다.

김영삼 전 대통령이 어린 시절 친구들과 거제도 바다 속에 들어가 수초를 잡고 물 속에서 누가 더 오래 견디나 내기했다는 놀이 얘기는 오늘의 우리 부모님들에게 시사하는 바가 크다.

개미 등을 지지는 아이들

• 정조(情操) 교육 •

◇◇◇

　조문객으로 장례식에 참석하여 장지까지 따라갔다. 하관을 마치고
상두꾼들의 애절한 장송 소리매김의 리듬에 맞춰 봉분 조성 작업을
하는 동안 상주를 비롯한 유족들은 고인의 시신이 깊이깊이 땅속으
로 묻혀져 가는 것을 지켜보면서 호곡(號哭)을 그치지 않는데, 초등학
교 저학년임직한 망인의 손자들 서너 명이 향로(香爐)에서 타고 있는
향봉(香俸)을 한 개씩 뽑아 가지고 여기저기 바쁘게 기어다니는 개미
들을 쫓아다니며 개미 등을 지져 대고 있다.

　등줄기에 불벼락을 맞은 개미들은 그 자리에서 힘없이 사그러들기
도 하고 더러는 몇 걸음 더 비틀비틀 도망가다가 가느다란 다리를 바
르르 떨며 죽어 간다.

용케 조준하는 불봉을 피해서 허겁지겁 도망가는 개미가 있으면 아이들은 끝까지 추격하여 지져 죽이는 데 성공하고 나서는 좋아라 떠들어 댄다.

아이들의 그런 모습이 호곡하는 어른들과 너무나 묘한 대조를 이룬다. 길 가다가 자신도 모르는 사이에 밟혀 죽는 개미가 있을까 봐 짚신을 일부러 물렁하게 짜서 신었던 조상의 후예들의 변질된 모습이다.

도시 초등학교 교문 앞에서 노오란 병아리를 팔고, 그 병아리를 아이들이 사가는 것은 예나 지금이나 같은데, 팔려간 병아리의 운명은 천양지차로 달라지고 있다.

방 안에서 모이 주고 물 주며 애지중지 기르는 병아리 생각에 학교에 가서 공부도 제대로 되지 않았는데, 요즘 어린이들 중에는 그 병아리를 아파트 옥상에서 낙하시켜 죽이는 경기를 하고 있다.

여름 방학에 시골로 여행 온 아이들이 개구리를 붙잡아 뒷다리를 쥐고는 힘차게 땅바닥에 팽개쳐 파들파들 다리를 떨며 죽어 가는 모습을 보며 깔깔대고 박수치며 좋아하는 것을 흔히 볼 수 있다. 그런가 하면 잠자리를 잡아서는 양쪽 날개를 두 손으로 잡아당겨 몸통을 찢어 버린다.

동물뿐만 아니다. 어린이들은 아무 생각 없이 자기 자신도 학대하고 있다. 머리카락끊기 싸움을 예사로 하고 있는 것이 그 한 예다.

연분홍 진달래가 앞뒤 동산을 뒤덮는 봄이면 동네 아이들이 삼삼오오 동산에 올라가 해 지는 줄도 모르고 꽃과 풀향기 속에 파묻혀

뛰놀면서 진달래 꽃잎을 따먹기도 하고 바위 위에 둘러앉아 진달래 꽃의 긴 꽃술을 뽑아서 서로 엇걸고 누구 것이 더 질긴가 자르기 내기를 하면서 어린 시절을 지내온 추억들이 있다.

그런데 요즘 어린이들은 꽃술자르기 같은 내기를 꽃도 없는 교실에서 하고 있다. 머리카락끊기 내기다. 상대가 결정되면 각자 자기 머리카락을 용감(?)하게 몇 올씩 잡아 뽑아서 엇걸고 누구 것이 더 질긴가 끊기 내기를 하는 것이다.

어린이들의 정서가 메말라 가고 있다. 마음의 건강을 잃어 가고 있다. 하나님의 영이 거하는 우리의 육체를 소중히 해야 한다는 신앙적 입장이 아니더라도 신체발부수지부모(身體髮膚受之父母)를 예(禮)로 여기며 머리카락 하나도 소중히 여겼던 정 많은 민족인데 왜 이렇게 냉혹해졌는가!

자녀의 건강과 체력 향상을 위해서 영양식이니 태권도니 하며 극성을 떨고, 또 남보다 더 많이 알게 하려는 지식과 지력(知力)의 향상을 위해서 학습지를 몇 개씩 시키고 학원도 여러 곳 다니도록 들볶아 어린이가 정신을 차릴 수 없게 하면서 어린이의 건강한 마음이나 정신 위생에 대해서는 관심조차 없으니 육체의 영양 상태가 좋고 머리가 좋아 아는 것은 많아도 마음은 병들 수 밖에 없다.

지능보다 감성이 인간을 인간답게 하고 성공적인 삶과 질 높은 인간 사회를 유지시켜 주는 것인데, 지능만 높고 감성은 낮으니 인간미 없는 영특한 동물로 전락할 수 밖에 없다.

문제는 어린이의 생활이 자연과 멀어지는 데도 있다. 흙을 밟으며 흙내음을 맡고 풀과 꽃과 나무숲 속에서 자연의 향기를 맡으며 자연의 신비한 생명력을 발견할 수 있어야 마음이 풍요로워진다.

도시의 시멘트 구조물 속에서 살아야 하는 어쩔 수 없는 생활 패턴 때문에 자연과의 교감이 어렵다면 자연에 접근해 보려는 최소한의 노력이라도 해야 하는데 부모의 그릇된 가치관과 과잉보호가 그것마저 차단하고 있다.

아파트 베란다나 방 안에 여러 가지 꽃과 나무 화분을 들여놓은 가정은 많은데 그 화분에 때맞춰 물 주고 다듬어 주며 관리하는 일은 누가 하는가. 모두 어른들의 몫이다. 어린이가 관심을 가지고 관리하는 가정이 얼마나 있는지 모르겠다.

혹 자녀들이 하려고 해도

"누가 너더러 그런 것 하랬니, 빨리 가서 공부나 해."

하고 막아 버리니 자연의 생명력을 느끼며 교감할 수 있는 기회가 없다. 마음으로 자연과 대화할 기회가 없는 것이다. 그러니 마음이 삭막해지고 정서가 메마를 수밖에 없다.

자연과의 교감은 인간이나 자연 모두에게 필요하고 중요하다.

논밭의 농작물은 농부의 발짝 소리를 듣고 자란다. 주인의 발짝 소리를 더 많이 들은 농작물이 그렇지 못한 것보다 더 잘 되는 것을 농부들은 잘 알고 있다.

가축이나 농작물에 아름다운 음악을 들려주어 더 잘 자라게 하고 더 많은 수확을 하고 있다는 현장 취재 보도를 종종 보고 듣는다.

동식물도 그러한데 우리 어린이들의 생활 환경은 어떤가.

눈만 뜨면 텔레비전과 라디오에서 그리고 오디오에서 고래고래 악쓰며 온몸을 비비 꼬고 비틀며 발악(?)하는 노래만 듣고 자란다. 싸우고 때리고 부수고 죽이는 폭력 비디오와 함께 교감하면서 생활하고 있다.

어린이에게 자연을 돌려주고 그들이 아름답고 가치 있는 생활 환경과 많이 접촉할 수 있도록 해주어야 한다.

자연이 오염되고 황폐화되어 가는 것보다 더 심각한 것은 어린이들의 정서가 오염되고 정신이 황폐해져 가는 것이다.

열쇠 목걸이

• Key Boy •

∾

3월 하순, 봄이라고는 하지만 겨울에서 봄이 없이 여름으로 이어진 다는 춘천의 3월은 겨울이나 진배없는 추운 날의 연속이다.

그러나 추운 날씨에 아랑곳없이 어린이들의 생활은 하루하루 몰라 보게 생동감 있고 활기차지고 있어 교실에서, 놀이터에서 생기 발랄 하고 즐겁게 활동하는 어린이들의 모습을 지켜보노라면 '여기가 천 국이구나!' 하고 느낄 때가 많다. 천진난만한 어린이들과 같이 어울 려 그들의 마음에 동화되며 생활할 수 있다는 것은 유치원 교사만의 특권이요 행복일 것이다.

입학식을 한 지 한 달이 다 되어 가는데 영철이의 유치원 생활은 그렇게 즐겁고 활기차 보이지 않는다. 그러한 영철이의 밝지 못한 생활은 나에게 해결해야 할 어떤 문제를 던지고 있다고 생각했다.

영철이에게는 무언가 그늘진 사연이 있을 것이다. 그래서 마음이 늘 무거워 생활이 밝지 못한 것이다. 어린이답지 않게 말수가 적고 행동이 지나치게 조용하고 활기가 없다.

영철이의 그늘진 마음의 문을 열려면 그 원인부터 규명하지 않으면 안 된다. 본인에게 자극을 주지 않고 신중하게 원인을 찾아야 할 것으로 생각하고 영철이 생활에 의도적으로 접근하여 주의 깊게 관찰하기 시작했다.

나는 교실 출입을 되도록 삼가고 있다. 어린이들의 즐거운 활동에 지장을 줄 수 있기 때문이다. 그래서 실내에서는 영철이에게 접근하기가 좀 어렵지만 그 밖의 놀이터나 스쿨버스 안에서는 얼마든지 가까이 할 수 있다. 영철이는 늘 스쿨버스를 타고 유치원에 다니기 때문에 어린이들의 통학을 보살피는 나로서는 가까이 할 기회가 많은 편이다.

영철이를 주의 깊게 살피다 보니 문제 행동 한 가지를 발견할 수 있었다. 바지 주머니에 늘 한 손을 넣고 생활한다는 것이다. 교실에서나 놀이터에서나, 또 스쿨버스에 오르고 내릴 때도 양손을 자유롭게 움직이기보다 한 손이 바지주머니에 들어가 있는 경우가 더 많았다.

한 손을 주머니에 넣고 활동한다는 것은 여간 불편하고 불안한 것이 아니다. 특히 어린이들은 눈과 손의 협응력이 부족하여 거리감이나 평형 감각이 미숙하므로 자칫하면 안전사고의 위험이 따른다. 추운 날씨나 버스를 타고 내릴 때에는 위험 부담이 더욱 커진다.

팔다리를 자유스럽고 활발하게 움직여야 몸의 소근육이나 대근육 활동이 왕성해져 육체적 기능과 지적 능력도 크게 신장된다. 따라서 한 손을 주머니에 넣고 생활한다는 것은 멀리 내다볼 때 어린이의 성장 발달에 장애 요인이 될 수밖에 없다.

"영철아, 주머니에서 손을 빼."

어느 날 아침 등원하여 버스에서 내리는 영철이에게 말을 걸었다.

머뭇머뭇거리던 영철이가 겸연쩍게 웃으며 더듬거리며 대답했다.

"주머니에 열쇠가 있어요. 잃어버리면 큰일나요. 그 전에 목에 걸고 다녔는데 아이들이 열쇠 목걸이라고 놀려요."

영철이의 말에 나는 연민의 정을 느끼며 순간 비애 같은 것을 느꼈다. 그 다음 이야기는 더 들어 볼 필요도 없다.

열쇠가 없어 집에 들어가지 못했던 무서운 경험과 다시는 열쇠를 잃어버리지 않으려는 불안 심리 때문에 항상 주머니 속의 열쇠를 꼭 쥐고 다니는 것이다. 친구들과 정신없이 장난치며 뛰놀다가 열쇠를 잃어버리고는 집에 들어가지 못하고 아파트 현관문 앞에서 몇 시간을 추위와 불안에 떨며 혼났던 경험이 영철이를 그렇게 소심하게 만든 것이다.

친구들과 모래밭에서 신나게 뒹굴 수도 없다. 이리 뛰고 저리 뛰며 마음껏 잡기놀이도 할 수 없고 남들처럼 그네를 타고 높이높이 밀어 올리고 싶은 것도 마음뿐이다. 그림 그리는 시간에는 자주자주 주머니 속에 손을 넣어 열쇠를 확인해야 하고 다같이 춤추는 시간에는 팔다리의 동작이 부자연스럽기 짝이 없다.

열쇠를 잃어버리면 집에 가서 아파트 문을 열고 들어갈 수 없다는 걱정을 가지고 하루하루를 살아가야 하는 영철이의 이 위축되고 부자연스러운 생활은 부모가 자식에게 안겨 준 죄없는 형벌이 아니고 무엇인가!

이처럼 정서장애를 겪으며 커가는 어린이가 어디 영철이 한 사람뿐이겠는가!

집을 자주 비우게 되는 어머니가 영철이 목에 열쇠를 걸어 주는 것만으로 모든 문제가 해결되었다고 생각하는 동안, 영철이는 점점 더 정서적으로 불안정해지고 소심과 무기력의 늪으로 빠져들고 정신적 기아(饑餓) 상태가 된다는 것을 알아야 한다.

어머니의 역할을 다하지 못하고 자녀의 기본적 욕구를 충족시켜 주지 못하여 정신적 기아가 된 자녀에게 물질로 보상해 주려는 태도는 더욱더 무서운 결과를 가져올 그릇된 가치관을 심어 주게 된다.

어린이가 지적·정서적·사회적 면에서 조화롭게 성장하기 위해서는 가정이 물리적·심리적으로 좋은 교육의 장소, 적절한 환경이 되어야 한다.

유아 교육에서는 가정의 역할이 제일 중요하다. 가정은 최초의 학교요, 부모는 최초의 교사이다.

가정의 물리적 환경과 인적 환경인 가족 구성원 간의 상호 작용이 바람직하게 이루어질 때 어린이는 영혼도, 몸도 건전하게 성장한다.

가정에서 어머니의 역할과 기능의 약화는 가정의 교육적 기능을 약화시킨다. 여기서 생기는 자녀 교육의 갭을 유치원 등 전문 교육기관에 맡기면 다 해결될 것으로 생각하는데, 이것은 부모의 자녀 교육 포기라고 해도 과언이 아니다.

돈을 주어 유치원으로 학원으로 내보내는 것만이 능사가 아니다. 집에 돌아왔을 때 미소지으며 반겨 주는 어머니와 애정의 교감이 있어야 하고, 개선장군 마냥 돌아와서는 유치원에서 있었던 일들을 오순도순 나누는 상호 작용이 이루어져야 한다.

이러한 어머니와의 교감과 상호 작용은 어린이의 정서와 언어 표현, 그리고 지적 행동을 적절히 강화하는 작용을 하여 언어 능력과 지력(知力)을 향상시키게 된다.

어머니가 집에 있어야 어린이는 생동감 있고 활발해지며, 모든 생활이 생산적이고 성취 의욕도 왕성해진다.

영철이와 같은 환경의 어린이들은 대개 정서적 안정성을 제대로 발달시키지 못하게 되는데, 이러한 정서불안은 사회성에도 영향을 주어 또래 집단과 어울리는 데도 적극성을 띠지 못하게 된다.

자꾸자꾸 울어라

● 포화법(飽和法) ●

∿

　오랜만에 만나게 된 분들은 인사치레이긴 하겠지만 나보고 안 늙는다고 말한다. 어린이들과 어울려 동심 속에서 사니까 어린이로 동화되어 가는 게 아니냐고 한다. 어린이로 동화되어 간다는 게 틀린 말은 아닌 것 같다. 어린이들과 같이 놀고 그들과 대화를 나누고 어린이들과 어울려 그들의 친구가 되려면 말과 놀이와 모든 생활이 어린이와 같지 않고는 안 되니까 말이다.

　어른들의 복잡한 사회생활이 순수한 어린이들의 세계와는 서로 다르게 전개되는 듯하여, 나는 유치원 아닌 다른 사회생활에는 잘 적응하지 못한다고 스스로 단정할 때가 많다. 의식 구조도 그렇고 무엇보다 화제가 교육, 그것도 유아 교육이 아니면 늘 궁색함을 느낀다.

어린이들의 하루 생활 준비로 새벽을 열고 그들이 남기고 간 체취와 여운을 느끼며 잠자리에 들다 보면 세상 돌아가는 일은 점점 더 나와 거리가 멀어질 수밖에 없다.

논과 밭의 곡식은 농부의 잦은 발짝 소리를 들으면 더 잘 자란다고 한다. 어린이들에게 사랑과 정성을 쏟으면 쏟은 만큼 그들의 사고와 행동은 눈에 띄게 변화하고 성장한다.

요즘 같은 핵가족 시대에 과잉보호를 받으며 자기 중심적으로 편협하게 자라 온 어린이들이 바람직한 방향으로 변화해 가는 모습을 지켜보는 것은 교사만의 기쁨이 아닐 수 없다.

그러나 세상사가 모두 그러하듯이, 교사로서의 기쁨도 상대적이다. 만끽할 수 있는 기쁨 뒤에는 그보다 더 크고 더 많은 고뇌와 어려움이 있다는 것을 알아주어야 한다. 맹자는 천하의 영재를 얻어 교육하는 일은 군자 삼락 중 하나라고 했지만 유치원 교사의 길은 즐거우면서도 고달프다.

사명감과 용기와 보람을 가지고 유치원 교사의 길을 간다고 자족하지만 갖가지 어려운 요인들로 마음은 늘 살얼음판 위를 걷는 것처럼 긴장의 연속이다. 유치원 경영에 회의를 느낄 때도 한두 번이 아니다.

유치원 교사의 마음을 어둡게 하는 요인들은 다방면으로 많지만 그 중에서도 제일 당황스러운 것은 어린이들이 유치원에 가기 싫다고 할 때다. 이것처럼 교사의 마음을 아프게 하는 일은 없다.

유치원 문 앞까지 와서 들어가지 않겠다고 실랑이를 벌이는 일, 멀

찡히 잘 다니다가 어느 날 갑자기 유치원 가지 않겠다고 울며 떼 쓸 때 유치원에 무슨 큰 잘못이 있는 것 같아 여간 곤혹스러운 게 아니다.

'담임 선생님과의 상호 작용에 문제가 있는가?'

'유치원 경영 방침이나 교육 프로그램이 적절치 않은가?'

'교육 시설이 미흡한가?'

'어린이 상호간의 교우 관계가 원만치 않은가?'

'가정 문제인가.'

'어린이 자신에게 문제가 있는 것은 아닌가?'

어린이의 등원 거부는 유치원에 문제가 있는 경우도 있고 가정과 어린이에게 문제가 있는 경우도 있는데, 대개 부모는 유치원에 책임을 전가하려는 경향이 있고, 교사는 가정에서 문제 요인을 찾으려고 한다.

그러나 경험에 따르면 책임을 전가하려는 것 같아 조심스럽기는 하지만 대개의 경우 결정적인 원인은 가정과 어린이에게 있는 경우가 더 많다.

- 부모의 맞벌이로 할머니 손에서 크는 어린이.
- 철두철미한 부모의 과보호로 자주력과 사회성을 기르지 못해 새로운 환경에 저항을 많이 느끼는 어린이.
- 어머니가 집을 자주 비워 어린이가 유치원에서 집으로 돌아왔을 때 어머니가 없어 불안 심리가 계속되고 그것이 모성실조 현상으로 진전된 어린이.

위와 같은 유형의 어린이들에게서 등원 거부 현상이 많이 나타나는 것으로 보아서 그렇다. 물론 위와 같은 유형이 아니고 교사와 유치원에 그 원인이 있는 경우도 많다.

어린이가 울면서 유치원에 오기 싫어하는 경우, 교사는 의기소침해질 수밖에 없다. 반대로 선생님이 좋고 유치원이 즐거워서 새벽부터 유치원에 간다고 설친다든가, 유치원 다니면서부터 모든 생활이 바람직한 방향으로 몰라보게 달라지고 있어 기쁘기 짝이 없다는 부모님의 얘기는 확실히 우리 교사에게 좋은 격려가 되고 교사로서의 보람과 자긍심을 느끼게 한다.

영미는 유치원에 입학하고 얼마 동안은 잘 다녔다. 그런데 며칠 전 아침에 집 앞에서 유치원 버스를 탈 때 유치원에 가지 않겠다고 떼를 쓰면서 어머니 치마꼬리를 붙잡고 뱅뱅 돌며 울었다. 나는 불문곡직하고 영미를 번쩍 껴안아서는 차에 태웠다. 그동안의 경험으로 보건대 그것이 최상의 방법이기 때문이다.

그 후 며칠간은 별일 없었는데 오늘 또 울면서 등원을 거부했다. 이번에도 번쩍 껴안아서 차에 태우고 버스를 출발시켰다. 지난번 울 때는 차 안에서 왜 그러느냐고 묻고 위로도 하고 달래도 봤지만 버스가 유치원에 도착해서 아이들이 모두 교실에 들어갈 때까지 울음을 그치지 않기에 이번엔 방법을 달리하기로 했다. 영미를 껴안아 버스에 태우고 나서 이유를 묻거나 달래 주지도 않고

"영미야 자꾸 울어, 더 크게 울어, 계속 울어."

하고 오히려 부추겼다. 그러자 울음 소리가 좀 더 거세지고 더 서러워지는 것 같았다.

"그래 자꾸자꾸 울어. 많이많이 울어."

"울고 싶을 때까지 실컷 울어."

이른바 포화법이다. 아무리 맛있는 음식도 계속해서 배불리 먹으면 맛이 없어지고 싫증이 난다. 그래도 계속 먹도록 한다면 맛있기는 커녕 고역일 수밖에 없다. 한계 효용 체감의 법칙이다.

자신이 하는 일이 얼마나 무의미하고 나쁜가를 알게 하기 위하여 진력이 날 때까지 계속해서 많이 시키는 방법이다. 종이를 짝짝 찢는 버릇이 있는 어린이에게 헌 신문지를 많이 갖다 주고 싫증이 날 때까지 계속해서 찢게 한다든지, 한 가지 음식만 편식하는 어린이에게 진력이 날 때까지 계속 그 음식만 먹게 한다든지, 손가락 빠는 어린이에게 손을 입에서 빼지 말고 계속 빨도록 함으로써 버릇을 고치는 것이다. 그러나 칼이나 불장난같이 위험한 행동이거나 아무리 해도 진력을 내지 않는 행동에는 이런 방법을 적용해선 안 된다.

영미에게 적용한 포화법은 영미의 등원 거부와 울음을 없애는 데 100% 효력을 거뒀다. 그날 이후 영미는 더 이상 울지 않고 아침마다 유치원 버스에 신나게 오른다.

어떤 동심
• 경쟁심 •

∽

    지난 가을 운동회 때, 1학년 50미터 달리기에서의 재롱들이 많은 학부모와 관객들의 이목을 집중시켰다. 그런데 평소 3조 6명 중에서 제일 잘 뛰는 재석이가 출발부터 시원치 않더니 도중에 넘어지는 바람에 울면서 맨 뒤에 들어왔다. 그 때문에 퍽 애석하게 여겼는데, 운동회가 끝난 며칠 후 재석이 어머니로부터 들은 후문(後聞)에 고소(苦笑)를 금치 못하였다.

    평소 연습할 때부터 자기 조에서 재석이가 가장 잘 뛰는 것을 아는 상원이가 운동회 당일 어떻게 하든 1등을 해야겠는데 재석이와의 대적에서 도저히 당해 낼 재주가 없을 것 같자, 이날 아침 재석이를 불러 완력으로 이렇게 다짐했다는 것이다.

"재석아, 너 오늘 나하고 같이 뛸 때 눈 감고 뛰어. 눈 안 감으면 가만 안 둬."

온순한 성품에 힘으로 상원이를 당하지 못하는 재석이는 울며 겨자 먹기로 그렇게 하마고 대답하지 않을 수 없었고, 6명 1조가 되어 달리는 50미터 경기가 시작되었을 때 출발부터 눈을 감고 뛰다가 그만 넘어지는 바람에 맨 꼴찌로 들어왔다는 것이다.

그 사이 상원이는 많은 관중의 박수와 환호를 받으며 1착으로 결승선에 골인하였다. 승자(勝者)가 된 상원이는 이 날 웃으며 의기양양하게 상품을 받아 자기 부모님께 전했고, 패자(敗者) 재석이는 제 어머니 아버지와 뭇사람들의 동정과 위로 속에 무릎의 상처를 어루만지며 울어야 했다.

재석이는 그저 울기만 했을까?

이 천진한 아이들을 보고 그저 웃어넘길 수만 없는 그 무엇이 생각의 둘레에서 오래 맴돈다.

소식(蘇軾)의 천진난만시오사(天眞爛漫是吾師)가 변질되어 부조리한 현실과 영합하면서 가슴에 몰려들어 생각의 갈피를 흐리게 한다.

'삶'도 교육도 그 과정은 물론 정사(正邪)의 가림 따위 아랑곳없이 최후의 승자만이 승자로서의 보좌를 누리게 되는 현실을 보여 주는 듯하여 사뭇 마음이 무거워 온다.

세상에는 아름답고 선한 탈을 쓴 채 목적을 위하여 수단과 방법을 가리지 않고 신을 비웃는 일이 그 얼마나 많은가! 최후의 승자가 되기 위하여 인간의 생존 질서를 교란시키는 위선자가 우글거리는 것을 볼 때 문학 소녀적인 감상이 아니더라도 삶의 의미를 찾지 못할 때가 한두 번이 아니다.

상원이와 같은 권모술수를 쓸 줄 모르는 '우리'가 되어야 함은 물론 재석이와 같이 무기력한 '우리'는 더욱 되지 말아야겠다. 자기 개성을 발전시키지 못하고 무기력해지는 어린이들을 볼 때가 가장 슬프다.

밝은 내일을 개척할 어린이상을 그리느라 오늘도 피곤을 잊는다.

교육은 결과가 아니고 과정인 것을……

—1960년 초등학교에 근무할 때

2부 엄마, 진짜 어디 가지 마...

내가 잘못했다

· 창의성 조장 ·

∽

지금은 공과대학 4학년인 우리 아이가 초등학교 2학년 초에 교내 글짓기 대회에서 우수상을 받은 일이 있다.

자기 생각과 감정을 글로 표현한 작품으로 상을 받게 되고, 그것도 세상에 나와 처음 받는 상이라 무척 기뻐했다. 학교 신문에 발표된 아이의 작품을 읽어 보고 나도 퍽 기뻤다. 상 그 자체보다도 작품에 나타난 아이의 생각이 여간 대견스럽지 않았다.

작품 요지는 이렇다.

초등학교 1학년에 입학했을 때 가족과 일가친척이 기뻐해 주었고 입학 기념 선물도 받았는데 고모님과 아버지가 주신 선물이 다같이 책가방이었다. 처음에는 아버지가 주신 가방과 고모가 주신 가방을 번갈아 가며 가지고 다녔는데 아버지가 주신 가방이 더 마음에 들어서 차츰 아버지가 주신 가방만 가지고 다니게 되었다.

그러나 늘 고모에게 미안한 마음이 들었고 학교 갔다 올 때 혹시 고모님이 집에 오셔서 보게 되면 섭섭해하시지 않을까 걱정이 된다는 내용이었다.

아이는 초등학교에 입학하기 전부터 꾸준히 그림책이며 동화책을 많이 읽었고 초등학교에 입학하고서부터는 일기도 계속 썼다. 자식 자랑하면 팔불출이라고 하는데, 어쨌건 아이의 일기장을 보면 생각과 감정이 깊고 순수해 보이고 표현력이나 문장력도 있어 보였다.

3학년이 되어 5월에 윤석중 선생님이 회장으로 계시는 새싹회에서 주최하는 전국 어린이 글짓기 대회가 어린이 대공원에서 열렸는데 우리 아이도 참가하게 되었다.

글짓기 대회에 참가하는 어린이들을 선생님들이 인솔하는데, 참가 어린이 부모들도 대회장에 따라가서 자녀가 글짓는 대견한 모습을 지켜볼 수 있었다.

주최측에서 발표한 글제와 원고지를 받아서 드넓은 공원 여기저기 잔디밭이나 나무 그늘 밑 어디든지 마음에 드는 장소를 정하여 자리를 잡고 글을 쓰는 것이다.

어린이들이 생각을 짜내며 열심히 글을 쓰는 동안 교사와 부모들은 자기 학교 어린이, 자기 자녀의 주변을 맴돌며 관심을 가졌다. 부모나 교사가 아이들의 작품을 보면서 무어라 지도하는 모습들도 많이 보였다. 교사는 학교나 학급의 명예를 드러내고 싶었을 것이고,

부모는 자식의 입상을 바라는 욕망 때문일 것이다.

나도 거의 완성되어 가는 아이의 작품을 보여 달라고 해서 몇 군데 지적하고 의견을 제시해 주었다. 오랫동안 학교에서 글짓기 지도를 해온 경험으로 내 생각을 조금만 가미하여 첨삭하면 입상할 것 같았다.

대회라는 긴장감 속에서 나름대로 생각을 정리하며 열심히 글을 쓰던 아이가 아버지가 제시한 의견을 듣고는 아버지의 의견에 대하여 생각해 보거나 판단해 보는 여과 과정을 전혀 거치지 않고 너무도 쉽게 자기 글을 서둘러 고쳐 나갔다. 아이의 그러한 모습을 보면서 아차 싶었다. 눈앞의 입상만을 생각하고 아이의 먼 내일을 생각하지 못한, 돌이킬 수 없는 실수를 한 것 같았다.

작품을 본부석에 제출하고 집으로 돌아오면서 아이에게 내색은 하지 않았지만 얼굴이 달아오르는 것 같고 마음이 무거워 영 개운치 않았다.

얼마 후 입상자 명단이 일간지 어린이 신문에 발표되었다. 우리 아이의 작품은 금상을 받았다. 신문을 보고 본인은 물론 누나들이며 온 가족이 기뻐 야단이었지만 나는 아이에게 큰 잘못을 저지른 것 같아 식구들과 기쁨을 같이할 수가 없었다.

여의도 전경련회관에서 시상식이 있었는데 상장과 트로피를 받아든 아이는 사뭇 들떠 여간 기뻐하는 것이 아니었다. 식구들이 트로피를 좀 보자고 해도 자기가 꼭 껴안고 다른 사람 손에는 넘겨주지도 않았다.

그처럼 기뻐하는 아이를 보면서 자기가 쓴 작품의 내용 자체는 까맣게 잊고 상 받은 결과만 가지고 저렇게 좋아하고 들떠 있는 그 천진한 모습이 내 마음을 더 무겁게 짓눌렀다.

'석아! 내가 잘못했다. 너는 지금 나의 이 자괴감을 모르겠지!'

새싹회 글짓기 사건 이후 초등학교 3학년이던 아이가 지금 대학교 4학년이 되기까지 아버지의 욕망과 자식에 대한 잘못된 사랑으로 자식에게 입혔을 무형의 피해를 생각하며 아이 앞에 늘 죄스러운 마음으로 지내온 것을 아이는 모를 것이다.

새싹회 글짓기 사건 이후 아이는 글을 쓸 때마다 그것이 일기이건 논문이건 남을 의식하게 되었을 것이다. 자신의 생각은 아버지의 생각에 미치지 못할 것이라는 생각과 자기가 쓴 내용이 아버지나 선생님의 마음에 들지 어떨지를 지나치게 의식하게 되면서 순수한 창의력의 싹과 자신감은 위축당해 왔을 것이 아닌가.

'석아, 내가 잘못했다. 너는 그렇지 않다고, 위축된 일이 없다고 할지 모르지만 애비가 보는 눈은 따로 있다.'

아이들의 창작 능력이나 창조성은 자기만의 생각이나 느낌이 있어야 하고 자기만의 생활 속에서 길러져야 하므로 마음이나 감정이나 몸이 자유롭고 자연스럽게 움직여 나름대로의 생각이 떠오르게 내버려둬야 한다.

상을 바라고 하는 활동이나 남에게 보여 주기 위해서 훈련된 손끝만의 기교나 재간으로는 창의력이 신장될 수 없다.

어른에게 강요당하고 어른의 사고나 틀에 따라 훈련되고 어른의 낡은 손때가 묻은 재간이 영향을 미칠 때 어린이가 지닌 무한한 가능성은 위축된다.

요즘 어린이들의 가능성과 창조성이 부모나 교사의 잘못된 지도와 브로커들의 비교육적인 행사로 무참히 짓밟히는 것을 너무 많이 볼 수 있어 안타깝다. 가정이나 교육기관이 다같이 걱정하고 바른 길을 모색하기 위해 노력해야 한다.

새싹회 어린이 글짓기 대회와 같이 건전한 단체의 건전한 교육 행사도 있지만, 상을 팔고 사는 사이비 브로커 단체의 학원 콩쿠르에 편승하여 아이들이 제대로 자라지 못하게 하고 있는 현실을 부모나 유아 교육기관은 직시해야 한다. 부모의 허욕과 허영심, 상을 좋아하는 풍토와 경쟁 의식이 아이들의 창의성과 가능성을 죽인다.

각종 경연대회, 미술대회, 웅변대회, 글짓기대회가 재능 있는 어린이들을 발굴하여 시상하고 격려함으로써 그들의 재능을 북돋아 준다는 교육적 취지는 아랑곳없이 참가수의 비율에 따라 상을 분배하거나 백지 상장을 나누어 주고 참가 기관에서 알아서 상을 주는 일, 참가자 전원에게 상을 주면서 시상식은 몇 그룹으로 나누어 그룹 간에 서로 모르게 하는 일, 사전에 상과 금품을 거래하는 일 등 갖가지 수단과 방법으로 대회(?)를 진행시키고 있다. 뿐만 아니라 참가비, 작품 전시비, 축하 행사비, 액자 대금, 해외 대회 출품비 등 각종 명목으로 금품을 챙기고 있다. 아무렇게나 주어진 '대상', '최고상'을 받아든 부모들은 동네방네 자기 아이 자랑을 하느라 입에 침이 마른다.

유아 교육기관은 또 어떤가? 무슨 대단한 권위 기관에서 시행한 각종 대회에서 많은 입상자를 냈다며 실적을 과시하는, 이른바 전시효과를 위하여 비교육적이고 부도덕한 사이비 콩쿠르를 최대한 이용하고 있으니 참으로 한심한 일이 아닐 수 없다.

우리 옛 속담에 "아이들은 호랑이보다 더 무섭다"는 말이 있다. 내일을 향한 아이들의 무한한 가능성을 두고 한 말일 것이다. 얼마든지 뻗어 나갈 수 있는 그 무서운 가능성을 저해하지 말아야 한다. 비교육적인 사이비 행사에 우리 어린이들이 희생되지 않도록 어린이를 보호해야 할 책무가 부모와 유아 교육기관에 있음을 명심해야 한다.

부모 자신을 위한 허욕이나 전시효과만을 노리는 유아 교육기관의 비교육적 행사에 참가해서는 안 된다.

왜 울었는지 나도 몰라

· 모성실조(母性失調) ·

아침에 유치원 버스를 타고 아이들의 등원 지도를 하고 돌아오니 아버지 한 분이 아이(안태유)를 데리고 교무실에서 기다리고 있다. 유치원 입학 때문에 오셨단다. 며칠 전 우리 유치원에 전화로 입학 문의를 했을 때 자리가 없어 입학이 안 된다는 것은 알았지만, 여러 가지로 생각하다 못해 원장 선생님께 특별히 사정을 말하고 간청해 보려고 오셨다는 것이다. 입학이 가능한 유치원이 여러 곳 있는데 다방면으로 알아본 결과 태유를 위해서는 산돌유치원에 꼭 입학시켜야겠다는 것이다.

태유 아버지는 집도 서울이고 직장도 서울인데 한 달쯤 전에 태유 어머니가 교통사고로 사망하면서 세 식구의 단란했던 가정에 불행의 그늘이 지기 시작했다. 아내를 잃은 슬픔에다 엄마 없는 태유의 문제가 더욱 가슴을 아프게 한다고 했다.

일단은 춘천에서 삼촌과 같이 살고 계시는 할머니에게 맡기기로 했는데, 엄마 없는 태유가 구김살 없이 잘 지낼 수 있도록 보살핌을 받을 수 있는 유치원을 알아보다가 산돌유치원이 좋을 것이라는 주변 사람들의 추천으로 찾아왔으니 꼭 입학시켜 달라는 것이다.

엄마의 사랑을 받으며 커야 할 시기인데 그렇지 못한 태유가 너무 가여웠다. 자리가 나면 입학시켜 달라는 후보자가 여럿 있었지만 순서를 무시하고 정원을 초과하여 입학시켰다. 담임 선생님에게도 태유가 위축되지 않고 밝게 생활할 수 있도록 특별히 관심을 가지라고 부탁해 두었다.

그런데 사흘 뒤 할머니가 찾아오셨다. 태유를 종일반이 있는 다른 유치원이나 어린이집으로 옮겨야겠다는 것이다. 처음부터 종일반에 넣으라고 태유 아버지에게 시켰는데 그렇게 하지 않았다는 것이다. 우리 유치원의 하루 일과에 대하여 태유 아버지와는 충분히 의논한 상태에서 입학을 시킨 것인데 할머니 입장은 달랐다.

우리 유치원은 월·수·금 3일은 오후 2시에 수업이 끝나고 화·목요일은 12시 30분에 끝난다. 수업이 끝나고 태유가 2코스 스쿨버스를 타고 집에 도착하면 50분 정도 걸린다.

할머니가 종일반을 원하는 까닭은 태유가 유치원에서 돌아온 후 늘 태유와 같이 집에 있을 수만은 없다는 것이다.

젖먹이 어린애도 아니고 엄마 없는 손자의 처지를 생각한다면 조금은 할머니가 희생할 법도 한데, 손자에 대한 할머니의 사랑은 아들에 대한 엄마의 그것을 따르지 못하는 것 같아 안타까웠다. 할머니는 2층 양옥에 살면서 생활도 여유 있어 보였다.

할머니는 엄마 없는 태유에게 좀 더 좋은 여건과 환경 속에서 유치원 생활을 하게 하고 싶은 아버지의 간절한 부정(父情)을 알지 못하는 듯했다.

할머니에게 태유의 처지와 아버지의 심정을 잘 설명하고 이제 태유에겐 엄마 대신 할머니의 사랑이 필요하다고 말씀드리면서 유치원 입학을 원하는 어린이들이 많이 있지만 태유를 위해서 조금이라도 도움이 된다면 힘이 되어 주고 싶어 입학을 허락했노라고 했더니, 공감하는 모습으로 그냥 돌아가셨다.

며칠 뒤 점심 시간에 교실에서 태유가 많이 울었다. 저녁 교사 협의 시간에 담임에게 이유를 물어 보았더니 식사 전에 손을 닦는 물수건통을 집에서 가지고 오지 않아서라고 했다. 입학 기념으로 나누어 준 물수건통은 매일 깨끗이 손질하여 가져오게 되어 있는데 할머니가 잘 챙기지 못한 모양이었다. 그러나 다른 정상적인 가정의 아이들에겐 물수건통 가져오지 않은 것이 그리 큰 문제가 되지 않는다. 그런 아이들이 종종 있다.

하지만 태유는 다르다. 물수건통 그 자체가 문제가 아니었을 것이다. 엄마보다 못한 할머니가 야속하고 마음 편하게 해주던 어머니가 생각나고 어머니 손길이 그리워 서럽게 울었을 것이다.

다음날 아침 수업이 시작되었을 때 태유가 삼촌 차를 타고 울면서 늦게 유치원에 왔다. 현관에 들어서서도 계속 소리내어 울기만 한다. 삼촌 말로는 태유가 아침에 일어났을 때부터 계속 울기만 하는데 이유를 모르겠다는 것이다. 물론 아침도 안 먹고······.

선생님도 나오고 나도 함께 달래 보았지만 막무가내였다. 교실에 들어가지 않고 집으로 가겠다는 것이다.

지금 태유가 울면서 가겠다고 하는 집이 어디인가! 할머니가 살고 있는 곳인가? 아닐 것이다. 그 전에 늘 반갑게 맞아 주던 어머니가 기다리고 있는 집으로 가고 싶다는 뜻일 것이다. 유치원이 떠나갈 듯이 거침없이 소리쳐 울며 갈 곳도 없는 집으로 가겠다고 몸부림치는 태유가 너무 가엾다.

태유를 사무실로 데리고 들어왔지만 계속 울기만 한다. 엄마의 사랑으로 채워지지 못한 태유의 저 공허한 마음을 무엇으로 채워 줘야 울음이 그칠 것인가!

복사기로 선생님들이 교실에서 쓸 교재를 복사하던 중이어서 이 작업에 태유를 참여시켜야겠다고 생각했다.

홍미와 관심을 가지고 몰두할 수 있는 새로운 환경 변화와 무언가 자신이 해낸다는 성취감이 태유의 빈 마음을 조금이라도 채울 수 있을 것 같았다.

"태유야! 이리 와서 나 좀 도와 줄래. 여기를 눌러서 이 기계가 돌아가게 해줘."

복사기 작동 버튼을 누르게 한 예상은 적중했다.

태유는 복사기의 버튼을 눌러 복사지가 신나게 빠져나오는 것을 유심히 바라보았다. 자기가 원장 선생님을 도와 일을 해냈다는 성취감 때문에 울음도 그치고 복사기에만 정신이 팔려 바라보고 있다.

태유를 껴안고 볼에 뽀뽀(스킨십)를 해주었다. 가끔 복사지가 걸리면 제거하고 새로 작동시키곤 하는 동안 태유의 표정이 점점 밝아져 갔다.

이제는 됐다 싶어 다시 한 번 태유를 껴안으며

"태유야! 왜 울었어?"

하고 아주 작은 귓속말로 속삭이듯 물었다.

그러자, 태유도 내 귀에다 속삭이는 말로

"나도 몰라."

하는 것이 아닌가!

내가 작은 소리로 속삭여 물으니까 반사 작용으로 같이 속삭이며 대답하는데, 그 소리가 마치 우뢰와 같이 큰 절규로 내 마음을 두드렸다. 더 이상 무엇을 말하게 하는 것은 잔인한 일일 것이다.

"태유야, 선생님이 기다리시겠다. 교실에 갈까?"

내 말을 듣자, 태유는 언제 그랬느냐는 듯이 가방을 들고 저 혼자서 휑하니 교실로 달려간다.

그런 뒷모습을 보면서 '저 어린 태유가 언제까지 저렇게 마음의 방황을 계속해야 하는가'를 생각하니 내 가슴에 공허가 밀려든다.

유아의 성장 발달에서 4~5세 무렵 모성과의 애정 교감이나 정서적 접촉의 상호 작용이 이루어져 특별한 관계를 형성하는 경험이 매우 중요한데, 그렇지 못할 때 모성실조 현상이 나타날 수 있다.

모성실조 환경이 유아 발달에 미치는 영향을 알아본다.

- 대체로 모성실조 환경에서 성장하게 되면 지적 발달에 영향을 받게 된다. 언어나 행동, 정서 표현 등에서 모방하고 동일시할 대상이 적절하지 못할 뿐만 아니라 그 기회가 부족하기 때문이다.
- 다음으로 인성 발달에 미치는 영향이다. 학자들은 유아기 어머니와의 애착 행동은 유아의 성격 발달은 물론 정서적·사회적 발달과 직접적인 관계가 있다고 주장한다. 모성실조는 애정실조와 결부되어 정서장애 증세로 발전되어 정서 불안정, 공격적 태도, 거부적 행동, 적대적 반감, 반사회적 행동으로 나타나기도 한다.

  그러나 최근의 연구 결과들은 모성실조 그 자체보다 모성실조 환경이 훈육이 결핍된 환경으로 될 수 있기 때문에 인성 발달에 영향을 준다고 말한다.
- 다음으로 모성실조 환경에서는 성인들과 정서적으로 깊고 풍요로운 관계를 맺을 기회가 제한되기 때문에 다른 사람의 감정 표현을 모방하고 학습할 기회가 적고, 또 자기를 표현할 방법도 배우지 못하게 되어 긍정적인 자아 개념을 갖지 못하게 된다. 그리하여 위축되어 있고 냉담하며 여러 가지 사회적 반응을 수용하지 못하여 사회성 발달에 어려움이 있고 원만한 대인 관계를 형성하기 힘들다고 한다.

그렇다고 이와 같은 연구들이 모든 모성실조 환경에 똑같은 결과가 나타난다고 주장하는 것은 아니다.

아무쪼록 태유가 구김살 없이 잘 성장하기를 빈다.

엄마, 진짜 어디 가지 마

• 모성실조 •

∽∽

아이들은 아침에 유치원에 가면서 엄마에게 인사하고 헤어졌다가 유치원이 끝나고 집으로 돌아와 엄마 품에 안기는 순간까지가 그들 하루 생활의 전부일 정도로 엄마와의 헤어짐과 만남의 의미는 대단히 크고 중요하다. 그 헤어짐과 만남이 어떻게 이루어지느냐에 따라 그들의 사고와 행동 발달의 방향이 달라진다.

어린이들은 아침 일찍 일어나 세수하고 밥 먹고 옷 입고 가방과 준비물 챙기고 "유치원에 다녀오겠습니다" 하고 인사하며 떠난다. 어린이들은 마치 병사가 전장(戰場)에 나가기 위하여 준비하고 출전하는 것만큼이나 대단한 결심과 각오로 집을 나서는데, 유치원 생활을 잘 마치고 집으로 돌아올 때는 승전하고 돌아온 개선장군만큼이나 보람

되고 의기양양하다.

"유치원 가서 즐겁게 놀다 와."

떠나는 길을 지켜보아 주는 어머니의 밝은 미소와 애정어린 목소리는 날마다 새로움을 개척하는 어린이에게 무한한 용기를 갖게 하는 활력소가 되고, 집으로 돌아왔을 때 어머니가 맞아 주는 포옹은 하루 생활을 보람 있게 해낸 것을 인정해 주어 성취감과 자신감을 갖게 한다.

은숙이는 퍽 영리한 아이다. 자기 주장과 의사 표시를 분명히 하고 아이들 사이에서 리더십도 있다. 긍정적으로 보면 그런데 다른 면으로 보면 아이답지 않게 조숙하지 않나 하는 생각이 들기도 한다.

은숙이네는 아파트에 사는데 아침에 다른 어린이 다섯 명과 같이 스쿨버스를 탄다. 대개 단독 주택에 사는 어린이들보다 아파트에 사는 어린이의 어머니들이 아침에 유치원 버스를 타는 자녀를 배웅하는 비율이 높다. 그것도 여러 명이 같이 타는 곳일수록 어머니들이 경쟁적으로 나오는 것 같다. 부모교실을 통하여 어린이는 현관 앞에서 배웅하고 버스 타는 곳까지는 나오시지 않는 것이 교육적이라고 해도 잘 지켜지지 않는다.

유치원 버스를 타면서 엄마와 헤어지는 아이들의 인사말은 거의 비슷하다. 대개 '엄마, 유치원 다녀오겠습니다'라고 말한다. 이런 인사말은 변함없이 날마다 반복된다.

그런데 아침에 유치원 버스를 타면서 어머니와 헤어지는 은숙이의 인사말은 달랐다.

입학하고 나서 처음 얼마 동안은 은숙이도 다른 아이들처럼 "엄마, 유치원에 다녀오겠습니다" 하면서 밝게 인사하고, 은숙이 어머니도 버스가 멀어질 때까지 미소지으며 손을 흔들어 주었다.

그런데 얼마 후부터 은숙이의 인사말이 바뀌었다. "유치원 다녀오겠습니다" 대신 "엄마, 어디 가지 마"라고 하는 것이 아닌가. 그런 인사가 며칠 계속되더니 인사말이 또 조금 달라졌다.

"엄마, 오늘은 어디 가지 마"이다.

'오늘은'이 덧붙은 것이다.

어머니의 대답도 변해 갔다.

"유치원 잘 갔다 와."

"응 그래, 잘 갔다 와."

"그래 알았어, 잘 갔다 와."

얼마 지난 후 은숙이의 인사말이 또 달라졌다.

"엄마, 오늘은 진짜 어디 가지 마."

'진짜'가 추가되었다. 어린것의 애절한 소원이요 절규다. 어머니가 응대하는 모습도 달라졌다.

"엄마, 오늘은 진짜……" 하고 인사말이 시작되자마자 은숙이의 인사말을 중단시키려고 어머니는 둘째 손가락을 자신의 굳게 다문 입술에 갖다 대고는 빠르게 두드리며 말을 못하게 하였다. 은숙이 친구들과 선생님과 다른 어머니들이 보는 앞이라 창피해서 화를 내는 것인지도 모르겠다.

그러한 은숙이 어머니와, 어머니의 체면은 아랑곳하지 않고 엄마에게 간절히 하고 싶은 말을 다 해버리는 은숙이, 이들 모녀 모두 가련해 보인다. 변해 가는 은숙이의 인사말과 비례하여 은숙이가 정서장애의 늪으로 점점 빠져드는 것만 같아 불안하기 짝이 없다.

유치원에서 돌아왔을 때 반갑게 맞아 주어야 할 엄마가 있어야 할 자리에 없는 데서 오는 정신적 공허감과 정서적 불안감이 어린 은숙이의 마음속에 쌓여 갈 것이라고 생각하니 은숙이의 영리함이 더 가엾다.

'엄마, 엄마' 하고 찾아도 엄마의 대답은 없고 싸늘한 적막과 구멍 뚫린 공허만이 어린 가슴을 저미게 할 것이다.

유치원에서 개선장군처럼 돌아와 엄마 앞에서 오늘 하루 유치원에서의 생활을 자랑하고 싶은데 어머니의 미소, 어머니의 체온은 느낄 수 없고 집 안은 쓸쓸하고 허전하기만 하다.

어린이가 건전하게 성장하고 바람직한 인격을 형성하기 위해서는 어머니와의 적절한 접촉과 상호 작용이 이루어져야 한다. 그런데 이러한 접촉과 상호 작용이 원만히 이루어지지 않고 있는 은숙이는 모성실조로 인한 정서장애로 건전한 성장 발달이 잘 이루어지지 않을 것이다.

모성실조란 어머니가 없어서만이 아니다. 충분한 양육 능력을 가진 어머니가 있어도 어머니와의 지속적이고 충분한 상호 작용이 이루어지지 못하여 어머니로부터 애정 결핍을 느끼면 그것이 곧 모성실조 환경인 것이다.

어머니가 늘 집에 있고 어린이와 상호 작용이 잘 이루어지면 어린이의 생활은 활동적이고 생동감 넘치며 성취 의욕이 왕성하여 모든 일이 생산적이고 능률적이 되지만, 그렇지 못하면 어린이는 위축되고 불신감과 의욕 상실로 생활 부적응과 성격장애가 나타날 확률이 높다.

모성실조 환경이 계속될 때 어린이에게 미치는 영향을 알아본다(유안진 교수).

• 지적 발달에 영향을 미친다.

유아의 언어 표현이나 지적 행동에 적절한 강화를 주는 어른과 접촉할 기회가 부족하기 때문이다.

• 인성 발달에 영향을 준다.

모성실조는 애정실조와 결부되어 정서실조 증세로 나타난다. 정서 불안정, 공격적 태도, 거부적 행동, 적대적 반감 등이 그것이다. 자기 중심적이고 냉담한 성격이 되며 반사회적 행동에 이끌리거나 정신질환이 나타날 수도 있다.

• 사회성 발달에 영향을 미친다.

성인들과 정서적으로 깊고 풍요로운 관계를 맺을 기회가 극히 제한된 환경에서 자라기 때문에 다른 사람의 감정 표현을 모방하거나 학습할 기회가 적고, 또 자기를 표현할 방법도 배우지 못하여 대인 관계 기술이 원만치 못하고 자아 개념을 갖지 못하게 된다.

• 신체 발달에 영향을 미친다.

애정 결핍으로 식욕이 떨어지고 식욕 부진은 영양 부족의 원인이
되며, 영양 부족과 애정 부족은 활동 부족이나 신경증, 언어 자극
의 부족을 초래하거나 동기 유발 장애를 가져와 결과적으로 신체
발달이 늦어질 수 있다.

은숙이 어머니!

은숙이가 정신적 고아가 되어 천길 벼랑 위에 서 있는 것이 보이지
않습니까? 은숙이가 사달라는 것 다 사주고, 영양식 먹여 주고, 좋은
옷 입혀 주고, 좋은 유치원, 학원 보내 주고 가끔 자가용으로 좋은 곳
구경시켜 주었으니 좋은 어머니 노릇 다 했다고 자족하십니까? 글쎄
요. 그래도 은숙이는 그 무엇이 그립고 외로운 것을 어찌합니까?

자가용 사려고 화투 해

• 가정 교육 •

〰

    우리 유치원이 있는 아파트 단지는 정겨운 사람들이 모여 사는 서민 아파트다. 1983년 처음 입주할 때만 해도 단지 안에 자가용 승용차는 한두 대에 불과했고 아파트 단지 안으로 진입하여 통행하는 차량도 많지 않아서 유치원 유원장이 아니더라도 단지 내 곳곳의 지역 공간에서 여러 가지 바깥놀이 활동을 할 수 있었다. 유치원 앞 주차장에서 한 반 아이들이 함께 율동을 하기도 했다.

    그러나 13년이 지난 지금은 사정이 다르다. 지나다니는 차량들 때문에 그 쪽으로는 아이들이 나가지 못하게 한다. 게다가 저녁때면 주차 전쟁이 이만저만 아니다. 아파트 단지 안 도로 좌우편에는 차들이 늘어서 대형차는 통행하기가 여간 불편한 게 아니고, 주차장에도 2중

3중으로 주차해 아침이면 뒷차를 빼느라 실랑이가 벌어지기 일쑤다.

시내 도로 사정도 우리 유치원이 문을 열고 나서 얼마 동안은 신호 대기 때문에 신경쓸 일이 없었고, 시내 중심가의 교차로 외에는 신호 등 작동을 정지시켜 놓아 차량 소통이 아주 원활하였다.

그러나 이제는 사정이 다르다. 아침에 유치원 버스로 어린이들을 등원시키는 일이 여간 힘들지 않다. 신호 대기 때문에 수십 미터씩 늘어선 차들의 꽁무니에서 기다리노라면 마음이 얼마나 조급해지는지 모른다. 여기저기서 기다리는 아이들 승차 시각을 맞추어야 하기 때문이다.

이렇게 차들이 늘어나고 너도나도 경쟁적(?)으로 승용차를 구입하는 현실은 그대로 천진한 아이들의 생활에도 투영된다. 유치원 버스 안이나 놀이터나 삼삼오오 모이기만 하면 자가용 이야기가 자주 화제에 오른다.

아이들은 각 자동차 회사에서 해마다 새롭게 쏟아져 나오는 수십 종의 자동차 이름들을 잘도 안다. 우리 차는 무슨 차다, 어느 차가 더 좋다느니, 어떤 차로 바꾸었다느니, 우리도 내일이면 무슨 차 들여온다느니, 또 어떤 어린이는 차의 외관과 성능까지 들먹이기도 한다.

아이들의 대화를 들으면서 자기들은 무심코 떠들어 대지만 선생인 나로선 그들의 대화 중에는 교육적으로 위험 수위를 넘는 것도 있다고 판단되어 불안해질 때가 있다.

"너네 자가용 있니?"

"너네 차 무슨 찬데?"

"차 없어?"

자꾸 이어지는 대화들이 그것이다.

그런 질문을 받았을 때 차가 있는 아이들은 기다렸다는 듯이 신나게 자기네 차 자랑과 차 타고 놀러갔다 온 자랑을 해대지만, 차가 없는 아이들 중에는 더러 풀이 꺾이는 모습을 볼 수가 있다.

작지만 큰 문제다.

그 날도 등원하는 스쿨버스 안에서 자가용 자동차가 몇몇 아이들의 화제에 올랐다. 남의 얘기는 듣지도 않고 각자 자기 얘기만 하느라 정신 없는데 가만히 듣고만 있던 선희가 입을 열었다.

"우리도 자가용 산다고 했다. 엄마가 화투 해서 돈 많이 벌면 자가용차 산댔어. 우리 엄마 차 살려고 동네 아주머니하고 맨날 화투 해."

천진한 선희가 오히려 가여워졌다.

그러나 다른 아이들은 선희 얘기에 별로 반응이 없다. 자기 얘기 늘어놓는 데 정신이 팔려 선희 얘기에 관심을 보이지 않는 것이 오히려 다행이라 생각되었다.

선희만이 아니고 근래에 와서 어린이들의 입을 통하여 어머니들이 화투 한다는 얘기를 자주 듣게 되는데, 한 가정의 문제가 아니고 심각한 사회 문제가 아닌가 하여 걱정스럽다.

"지금 집에 가면 엄마는 ○○네 집에 화투 하러 갔을 거야."

"어제 우리 엄마 화투 해서 돈 많이 땄대."

순진한 아이들의 입을 통해 종종 듣는 말이다.

하루는 선희가 결석을 했다. 다음날, 선희는 묻지도 않은 내게 어제 결석한 이유를 털어놓았다.

"원장 선생님, 어제 나 왜 유치원에 안 왔께? 아빠가 엄마를 막 때려서 엄마가 울어서 안 왔어."

자문자답한다.

선희는 교실에서 문제를 더러 일으킨다. 선생님 가방에서 지갑을 꺼내기도 하고 선생님 책상 서랍에서 색종이를 꺼내 집에 갈 때 버스 안에서 친구들에게 나누어 주기도 한다.

선희를 통해 비쳐지는 선희네 가정은 교육적으로 많은 문제가 있는 것 같아 선희가 가엾게 느껴질 때가 많다. 가정은 어린이들의 건전한 인격과 바른 가치관을 형성시켜 주는 최초의 학교가 아닌가! 가족 간의 사랑과 애정 속에 이루어지는 상호 작용을 통하여 어린이는 한 인간으로 성장해 가는 것이다.

오늘날 여러 가지 요인으로 가정의 교육적 기능이 약화됨으로써 잘못 길러진 청소년의 문제는 심각한 사회 문제가 되고 있다. 점점 인간성을 상실해 가고 있는 것이다.

유아기에 겪게 되는 자극이나 경험은 어린이의 정서나 심리 발달에 매우 커다란 영향을 미친다.

한 인간의 성격과 의식 구조, 그리고 언행은 80%가 부모에게서 본받고, 20% 정도만 자기 자신에 의해 형성된다고 심리학자들은 말하고 있지 않은가!

부모의 가치관이나 인생관이, 가정 생활과 사회 생활을 영위해 가며 인간 관계를 형성해 가는 모습이, 그리고 열심히 인생을 살아가는 모습이 그대로 자녀에게 전이된다. 자녀들이 부모의 모습을 그대로 보고 배우며 몸에 익히는 것이다.

가정의 교육적 기능은 부모가 의도적으로 가르치는 것보다는 자녀가 부모를 보고 모방하는 것이 더 많기 때문에 부모가 좋은 모범을 보여 주어야 한다.

자녀에게 존경과 사랑과 신뢰를 받을 수 있는 모범적인 부모가 되지 않고는 가정 밖으로 자녀를 내보내기가 불안한 것이다. 자녀 교육의 성패는 가정 교육에 달려 있는 것이지 유치원이나 학교 같은 전문 교육 기관에 더 큰 비중이 있는 것은 아니다.

부모가 되기는 쉬워도 부모 노릇 하기는 어렵다고 한다.

오늘날과 같이 모든 가치관이 전도된 듯한 혼란한 사회에서 자녀를 보호하기 위해서는 가정 교육을 통하여 자녀들의 가치관이나 인생관을 바르게 정립하고 원만한 인격과 바른 품성을 길러 나가야 한다.

우리 자녀들이 지적·정서적·사회적 발달 면에서 조화를 이루며 올바르게 성장하도록 하는 것은 가정 교육이 아니고는 안 되는 것이다.

200미터도 스쿨버스라야
· 부모의 용기와 모험 ·

$$\backsim\!\smile$$

매년 1월 신입생 입학 원서 접수 때가 되면 문의 전화를 많이 받는
다. 문의 내용을 분류해 보면 대개 다음 네 가지로 나눌 수 있다.

1) 원서 접수 기간과 구비 서류가 어떻게 되며 유치원을 방문해서
   교육 환경과 교육 방침을 들을 수 있겠느냐?
2) 몇 시까지 어린이를 데리고 있으며 중식은 어떻게 되느냐?
3) 무엇을 가르치며 어떤 특기 지도를 하느냐?
4) 유치원 버스가 대문 앞까지 올 수 있느냐?

위 1번 같은 질문이 가장 바람직한 질문이고 그런 문의가 올 때면

신이 나고 흐뭇해진다. 그러나 2·3·4번 같은 전화는 마음이 내키지 않아 건성으로 대답하고 만다.

유아기의 교육 환경이 한 인간의 인격 형성이나 지능의 65% 정도를 결정짓는다는 것이 학자들의 연구 보고다.

전인 교육을 지향하는 전문적이고 다양한 유치원의 교육과정 프로그램과 교육 방침 등 교육 환경을 전화 몇 마디로 알아보려고 하는 부모님의 안이한 태도와 유아 교육에 대한 몰이해가 안타까운 것은 말할 것도 없지만, 부모님의 그러한 기호에 맞추어 환심(?)을 사기 위해 적당히 대답하는 유아 교육기관에도 문제가 없는 것은 아니다. 탈법적이고 변태적인 사이비 유치원(?)이 우후죽순처럼 생겨, 정규 유치원이 원아를 확보하기 어려워짐으로 해서 빚어지는 유아 교육 난맥상의 하나다.

그러나 유치원은 어떤 경우에도 교육기관으로서의 위상과 교권을 확립하여 질 높은 교육을 해나가야 한다.

우리 유치원의 경우 꽤나 지명도가 있어 입학을 원하는 부모님들이 대부분 전화 문의 없이 원서 접수 첫날이면 새벽부터 북새통을 이루며 등록을 하지만, 그렇지 않은 부모님도 있어 위와 같은 전화 문의를 종종 받게 된다.

한번은 스쿨버스 이용 문제를 주로 묻는 입학 문의 전화를 받았다. 집이 어디냐고 물었더니 주공아파트 2단지란다. 우리 유치원이 위치한 단지다. 5층으로 된 아파트 650세대가 밀집해 있는 서민 아파트 단지다. 단지 안에 유치원이 있기 때문에 유치원에서 거리가 가장 멀리 떨어져 있는 아파트도 200미터를 넘지 않는다. 그래서 이 어린이는 걸어서 통학해야 한다고 대답하고 도보의 교육적 측면을 덧붙여 설명하려는데, 어머니는 내 얘기는 들으려고 하지도 않고 겨울에 춥고 여름에 비가 올 때가 문제라며 일방적으로 전화를 끊고 말았다.

이와 비슷한 내용의 전화는 어쩌다 드물게 있는 것이 아니다. 그런 사고방식을 가진 부모가 너무 많다는 데 충격을 받는다. 일반 단독 주택도 좁은 골목길 대문 앞까지 버스가 와야 한다는 것이다. 내가 걸어서 버스가 지나기 좋은 큰길까지 나오라고 하면 다른 유치원은 다 그렇게 한다는데 산돌만은 왜 안 되느냐고 하면서 입학을 하지 않거나 기분 좋게 입학하지 않는다.

추위를 가르며 골목을 내닫기도 하고, 우산을 받쳐 들고 아니면 비를 맞으며 쏘다니기도 해 봐야 어린이 나름대로 낭만도 있고 추억거리도 쌓이며 신체의 균형 감각과 사태 대처 능력도 길러져 신체적으로나 정서적으로 바람직하게 성장 발달한다는 것을 우리 어머니들은 왜 간과하는지 안타깝다.

사실 유아기 어린이들은 골목길을 뛰어다니거나 비올 때 우산 받쳐 들고 다니기를 아주 좋아하고, 추위나 어려움에 도전하려는 모험심과 정복 심리가 강하다. 땀으로 내복을 적시며 겨울 눈 속을 정신없이 뛰어다니며 노는 어린이들에게 "아이들은 더위가 서 말"이라고 지혜로운 우리 선조들은 격려해 왔다. 조상들의 그러한 지혜가 영육 간에 강인한 자녀로 길러 왔는데, 오늘의 우리 부모님들은 하나만 알고 둘은 모르는 잘못된 가치관과 양육 태도로 어린이를 과잉보호라는 감옥에 가두어 버려 나약하고 무기력하게 만들고 있다.

자녀를 지혜롭고 강인하게 기르기 위해서는 부모님들이 용기를 갖고 어느 정도의 모험을 감수해야 한다.

교직 생활 40여 년간 내가 만난 수많은 학부모 중 용기와 모험으로 자녀를 훌륭하게 키워 낸 한 분의 사례를 소개하려 한다.

태희는 내가 서울 모 사립 초등학교 6학년 담임 할 때 학급 반장이었다. 남녀 공학이고 모두 내로라 하는 아이들의 집단이어서 여자가 반장으로 뽑히기란 여간 어려운 것이 아니었다. 공부를 잘하는 것은 물론 탁월한 리더십과 포용력 없이는 힘든데 여자인 태희가 압도적인 표차로 쟁쟁한 남자 후보들을 제치고 반장으로 뽑혔다. 공부와 지도력과 관리 능력 등 반장으로서의 조건이 많은 어린이들의 인정을 받은 것이다.

교사가 보아도 태희는 매사에 의욕적이고 자주력이 강하면서도 지나치게 이기적이거나 배타적이지 않고 포용력과 지도력이 뛰어나다.

한 달에 한 번씩 있는 부모와의 교육 상담 때 태희 어머니에게 들은 얘기다. 당시는 과외 열풍이 대단하여 과외 망국론까지 거론되던 시절이어서 대다수의 어린이들이 큰 과외(그룹 과외) 작은 과외(개인 지도)라는 두 과외에 시달렸는데 태희는 아무 과외도 시키지 않는다고 했다. 그래도 학급에서 1, 2등을 놓치지 않았는데, 아주 어려서부터 아이의 생활을 스스로 관리하도록 배려한 것이 능동적이고 자주적인 아이로 만든 것 같다고 했다.

태희를 유치원에 입학시킨 사례는 오늘의 우리 어머니들에게 많은 것을 시사해 준다.

집이 보문동인 태희가 종로 3가의 YMCA 유치원(정규 관인 유치원)에 입학했는데 첫날부터 혼자서 시내 버스를 타고 유치원에 다니게 했다는 것이다.

그게 뭐 대단한 일이냐고 할지 모르지만 여기에는 아이를 스스로 서게 하고자 하는 부모의 용기와 모험이 있었다. 30여 년 전 지하철도 없던 서울 시내 대중교통난은 여간 심각하지 않았다. 어른인 나도 출퇴근할 때 버스 안에 사람이 너무 많아 내릴 때 출구 쪽으로 비집고 나갈 수 없어 내려야 할 정류장에서 내리지 못하는 경우가 종종 있었다. 게다가 그 시절은 어린이 유괴 사건이 자주 일어나 심각한 사회 문제로 되어 모든 부모들이 전전긍긍 불안해하던 때였다.

자가용 승용차를 소유한 가정이 그리 많지 않아 자가용은 곧 귀족의 상징처럼 생각되던 때인데 아버지가 건설회사 사장인 태희네는 기사가 딸린 자가용도 있었지만 의도적으로 태희의 유치원 등하원에는 이용하지 않았다.

입학식 날까지 합하여 모두 네 번 어머니를 따라 시내버스를 타고 유치원에 다녀온 것으로 태희의 유치원 다니기 홀로서기 훈련은 끝났다. 입학 원서 받으러 갈 때, 접수하러 갈 때, 추첨하는 날, 그리고 입학식 날이다. 어머니는 태희를 네 번 데리고 다니면서도 시내버스 이용 방법을 일일이 가르쳐 주지 않고 스스로 터득하도록 하였다.

유치원에 혼자 갔다 온 첫날 저녁에 어머니가 물었다.

"태희야, 아침에 유치원 다 가서 내리는 정류장을 어떻게 알았니?"

사람으로 꽉 찬 시내버스 안에서 키 작은 유치원생이 내려야 할 정류장의 위치를 확인하기란 보통 어려운 일이 아니다.

"엄마, 그거 내가 다 알아 놨어. 차가 설 때마다 손가락으로 하나둘 정거장 수를 세다가 열세 번째 정류장에서 내리면 되는 거야."

자신의 생활을 스스로 관리하고 자기 문제는 자신의 능력으로 해결하는 경험을 쌓아 가게 하는 것이 자주적이고 창의적인 어린이로 키우는 길이다. 그것이 삶에 대한 자신감과 의지력, 투지력을 길러 주는 최선의 방법이다.

패륜아 박모군
• 자녀와의 대화 •

　미국 유학을 간 박군은 공부는 하지 않고 좋은 차를 몰고 다니며 유흥과 도박으로 부모가 송금해 준 학비와 생활비를 탕진하고 빚을 진 후 몰래 귀국하여 부모의 많은 유산 상속을 노려 부모를 칼로 난자하여 살해하고 증거를 없애기 위하여 부모의 시신에 불까지 질렀다. 현대 사회의 물질 만능 병폐가 인간성을 상실시켜 가고 있지만 만물의 영장이라는 인간이 이 정도로까지 극악해질 수 있는가!

　박군의 사건은 박군만의 문제가 아니다. 오늘의 병들어 가는 가정, 추악한 사회, 잘못된 교육의 결과로 박군은 오히려 그 희생양이라는 생각이 든다.

　패륜아 박군에게 떳떳하게 돌을 던질 부모나 교사, 그리고 이 나라의 지도자 그 누구란 말인가?

패륜아 박군이 그렇게 되기까지는 여러 가지 원인이 복합적으로 작용했을 것이다.

한의사가 꿈이었던 박군의 아버지는 한약업을 하면서 그가 할 수 있는 최대한의 노력을 하면서 성실히 살아온 것 같다. 젊었을 때도 하기 힘든 공부를 나이가 들어 대학원을 졸업했을 정도로 열심히 살았고, 사업에도 전력투구하여 많은 재산을 모았으며, 신앙도 돈독하여 교회에서 중직을 맡기도 했다.

그러나 아버지는 자신이 이루지 못한 한의사에의 꿈을 자식이 이루어 주기를 바라는 성취욕이 대단히 강하여 자식에게 지나친 기대와 함께 자기 욕망을 투사시키며 온갖 정성을 다해 자식을 양육해 온 것 같다. 자식을 위한 부모의 사랑과 정성이 이보다 더할 수 없을 것이라고 자기도취에 빠졌을지도 모른다. 유명한 한의사가 된 자식의 미래상을 그리며 행복해 했을 것이다.

그러나 여기서 진정한 부모의 사랑이 어떤 것인지 생각해 봐야 한다. 자녀에 대한 부모의 지나친 기대와 부모 자신의 성취욕을 만족시키기 위해서 쏟는 사랑은 진정한 사랑이 아니다. 이런 사랑을 받는 자녀는 매사에 부정적이고 불평과 좌절 속에 질식감과 정서불안, 성격장애를 겪게 마련이다.

부모는 자녀를 자신의 소유물처럼 생각하거나 자신의 명예욕·권력욕·금욕을 채워 주는 수단으로 생각하지 말고 자녀의 개성과 그의 세계를 이해하는 데 초점을 맞추어 양육해야 한다. 자녀의 자유와 인격을 존중해야 한다.

부모가 지나치게 지배적이어서는 안 된다. 모든 것을 부모가 일일이 계획하고 결정하여 지시하고 자녀는 오로지 그 지시를 따르기만 하도록 해서는 자녀가 원만한 인격을 가진 인간으로 성장할 수 없다. 자녀에 대해 지나치게 전제적(專制的)이거나 지배적일 때 자녀는 자학적 성격을 갖기 쉽다. 부모 입장에서도 자신들의 기대에 부응하지 못하는 자녀에 대해 긍정적인 시각으로 보지 못하게 되어 자녀의 인격과 자존심에 상처를 주는 언동을 자주 하게 된다. 박군이 그 지경이 된 것은 위와 같은 포괄적 요인들이 작용했을 것이다. 그러한 요인들 중 박군의 경우 가장 중요하고 직접적인 요인은 부모와 자식 간에 대화 방법이 미숙했던 데 있지 않았나 보인다.

"내 자식이 아니니 호적을 파가라."

"아버지에게서 칭찬이라고는 초등학교 때 시험 잘 봐서 딱 한 번 받은 경험밖에 없다."

수사관들 앞에서 박군이 털어놓은 박군 아버지의 말이요 박군의 독백이다. 이로 미루어 평상시 부모 자식 간의 대화가 어떠했으리라는 것을 짐작할 수 있다. 부모와 자녀 사이에는 상호 교감하는 사랑의 대화가 있어야 하는데, 박군의 경우 부모가 자식을 위하여 해줄 수 있는 모든 것을 다 베풀고 정성을 쏟았는데도 부모의 기대에 미치지 못하는 아들이 한없이 야속하고 괘씸하기까지 했을 터이니 자식에 대한 불만이 자연히 부모 자식 간의 대화에 장애 요인이 되었을 것이다.

오늘날 대부분의 가정에 진정한 의미의 대화가 없다. 부모의 일방통행적이고 수직적·하향적인 지시, 명령, 설교와 질책만 있지 않은가?

가족 간의 애정적 유대는 대화가 그 교량 역할을 하는데 오늘날의 가족 관계는 경제적 유대로 겨우 그 명맥을 유지해 가는 것 같은 살얼음판이다. 대화가 없는 가정일수록 자녀 교육을 비롯한 모든 것이 돈으로 해결된다고 믿는다.

대화야말로 가족 간에 단절의 벽을 헐어 서로에 대한 애정과 신뢰를 두텁게 하고 불만과 갈등·긴장을 해소시키며 자녀들의 인간성과 사회성을 발달시킨다.

대화가 없으면 마음의 문이 닫히고 정신적 신진대사가 이루어지지 않아 정신적 고아가 된다. 부모 자식 간의 대화 방법도 성숙해져야 한다.

영국 속담에 "칼로 벤 상처는 곧 아물지만 말로 벤 상처는 영원히 아물지 않는다"는 말이 있고, 우리 속담에는 "한 마디 말로 천 냥 빚을 갚는다"고 했다. 자녀와의 대화 방법을 생각해 보자.

(1) 청유문(請誘文)을 많이 사용한다

청유문은 상대방의 사정이나 인격을 무시하거나 일방적으로 명령하지 않고 상대방의 협력과 동의를 구하거나 권유하는 요청의 말이다. 상대의 인격을 존중하고 자존심을 상하지 않게 하므로 감동을 줄 수 있다.

• 슈퍼에 가서 두부 좀 사다 주겠니?

- 이제 그만 놀고 숙제해야 되겠지?
- 성적표 좀 보여 주겠니?
- 그것은 이쪽에 놓아 두면 좋을 것 같은데.
- 이렇게 한번 해보면 어떨까?
- 네 생각도 그럴듯하구나. 하지만 나는 이렇게 생각한단다.

(2) 나 메시지(I Message)를 활용한다

전통적으로 우리 부모들은 주로 '너 메시지(You Message)'를 많이 사용해 왔다. 앞으로는 되도록 '나 메시지'로 부모의 의사를 전달하도록 노력해야 한다.

'너 메시지'는 자녀, 즉 너를 주어로 하거나 너가 생략되어 있는데 주로 자녀를 탓하고 비난하거나 자녀에게 잘못이 있다고 말하며 공격하고 지시·명령한다.

- (너) 공부 좀 열심히 해라.
- (너) 왜 이렇게 못하니?
- (너) 숙제 다 했어?
- (너는) 철없는 어린애 같구나.
- (너) 장난감 치우지 못해!

반면 '나 메시지'는 부모 자신(나, I)을 주어로 하여 부모에게 수용되지 않는 자녀의 행동을 탓하고 평가·지시·명령하기보다 자녀의 행동에 대한 부모의 생각이나 감정(느낌)을 표현하는 것이다. 자녀는 자신의 행동이 부모에게 끼치는 영향을 알고 부모의 감정을 이해하려는 사고 과정을 거치게 된다.

나 메시지는 다음 세 가지 구성 요소를 포함하는데, 반드시 3단계 요건을 갖추어야 하는 것은 아니다.

① 자녀의 행동 기술
② 자녀의 행동이 부모 자신에게 미친 영향
③ 그 영향 때문에 부모가 느끼는 감정

- 장난감이 어지럽게 흩어져 있으니[자녀 행동] 엄마가(I) 정신이 하나도 없구나[감정]. 이걸 또 치우려니 힘이 드는구나[영향].
- 장난감이 너무 흩어져 있으니 (내가) 청소를 할 수 없구나.
- 네가 약속을 지키지 않아서 (나는) 무척 실망했단다. 엄마 혼자 그 일을 다 하느라 혼났어.
- 너무 시끄러워 (엄마가) 손님과 얘기를 할 수 없구나.

(3) Do Message

상대방의 행동이나 마음을 구체적으로 표현해 주는 것으로 부모가 포착한 자녀의 감정(마음)을 다시 어린이에게 반사시켜(feed back) 주는 방법이다.

- 철수와 싸워서 속이 많이 상했겠구나.

- 너도 오빠만큼 갖고 싶지?(자기 몫이 적다고 투덜대는 동생에게)
- 음, 아주 멋있네, 네가 혼자서 로봇을 만들었다고? 아주 자랑스럽지.

(4) 긍정적이고 적극적인 말을 많이 한다

'안 돼', '하지 마', '위험해', '가지 마', '그만둬', '너는 못해', '틀렸어', '바보 같으니', '그렇게 해서 뭘 해' 등 부정적이고 비판적이거나 상대를 무시하고 경멸하는 말을 하지 않아야 한다. 부정적인 대화가 많은 환경에서 자라면 부정적이고 소극적이며 체념적인 자기비하 인간이 될 수밖에 없다.

(5) 피해야 할 대화들

- 저런 애하고 놀지 말아라.
- 또 한 번 그런 짓 하면 가만 안 둬.
- 아버지 오시면 이를 테야.
- 계집애는 여자답게 놀아라.
- 애들은 돈을 만지는 게 아냐.
- 너는 하기 힘들어. 엄마가 도와줄게.
- 그런 데 올라갔다 다치면 어떻게 하니?
- 아직까지 그런 것도 혼자 못해?
- 너는 정말 한심하구나. 앞길이 훤하다.
- 시키지 않은 일을 왜 하니, 바보같이.

- 또 망가뜨렸군. 네게는 아무리 좋은 것을 사다 줘도 소용없어.
- 어째서 그렇게 거짓말만 하니?
- 집 안에서만 놀아라.
- 이 다음에 크면 알게 돼.
- 너 때문에 내가 못 살아.
- 댁의 자녀가 부러운데요.

박사 교수의 패륜

• 과잉보호 •

~~

수백억 재력가의 아들로 남부러울 것 없이 유복한 가정에서 자라고 국내 명문 대학을 졸업하고 미국 유학 가서 박사가 되어 돌아와 많은 사람이 선망하는 대학교수가 된 김모씨가 사회적으로도 널리 존경받는 자기 아버지를 살해하는 패륜 행위가 또 발생하였다. 모든 언론 매체와 국민들이 인간성 타락을 개탄하는 여론이 비등하고 있다.

참으로 인간의 종말이 가까워지고 있음을 느끼게 하는 사건들이 너무 자주 일어나고 있다. 인간이 인간성을 상실하고 인간 되기를 포기한 추악한 모습은 이제 만물의 영장이랄 것도 못 되고 멸망의 날만을 재촉하는 것 같다. 아버지가 자식 삼남매를 살해하여 암매장한 사건, 부부간의 토막 살인 사건, 남매간·부녀간의 성폭행 사건, 지존파의 인간 살인 공장 사건…… 아무리 극소수의 인간들이 저지른 일이라고는 하지만 사람이 이렇게까지 될 수 있다는 말인가?

이번에 일어난 김모 교수의 사건에 대하여 언론과 전문가들이 분석한 패륜 행위의 원인을 종합해 보면 대강 다음과 같이 요약된다.

첫째, 황금만능주의의 사회 풍조 때문이다.

둘째, 그들이 성장하는 과정에서 반사회적 부정부패의 사회 규범을 체험하며 바른 가치관이 정립되지 못했기 때문이다.

셋째, 인성과 덕성을 갖춘 인격자를 만드는 바른 가치관을 심어 주는 교육이 부재한 탓이다.

넷째, 부모의 돈(유산)을 받아야 한다는 한국적 병폐와 유학하면서 몸에 밴 물질 만능의 미국적 병폐가 결합했기 때문이다.

그러나 전문가들이 언론을 통하여 요란하게 내놓은 위와 같은 분석들은 원인(遠因)이거나 지엽적 원인은 될 수 있어도 정곡을 찌른 것은 아니라고 생각한다.

모든 언론과 수사진과 전문가들이 별 관심도 두지 않고 간과한 패륜 교수의 기자 인터뷰에서 그가 한 말을 주의 깊게 음미해 보면 그가 패륜아가 된 원인을 알 수 있다.

"아버지는 나에게 너무나 잘 해주신 훌륭한 분이었습니다."

패륜 교수가 수갑을 찬 채 울며 토해 낸 말이다.

'너무나 잘 해준 것' 그것은 곧 과잉보호를 받으며 성장한 것을 의미한다. 그 과잉보호가 김 교수를 패륜아로 만든 것이다. 어려서부터 과잉보호를 받으며 성장하면 인격 형성에 얼마나 무서운 결과가 초래되는가를 김 교수가 웅변으로 말해 주고 있다.

초·중·고·대학을 다니면서 윤리나 바른 가치관, 그리고 인격 형성을 위한 교육을 받지 못해서 그렇게 된 것도 아니고 불건전한 사회 풍조 탓만도 아니다. 근본 원인은 유아기 성장 과정에서 연유했다고 본다.

유아기에 도덕적 표준이나 사회 규범에 적응하는 훈련이 이루어져야 한다. 인간성의 기초는 5세 전후에 이미 끝나고 교육의 임무도 7세면 끝난다고 학자들은 말한다.

김 교수 사건을 계기로 인간성을 회복하기 위한 여론과 대책들이 쏟아져 나오고 있지만 문제의 바른 진단과 효율적인 해결책이 제시되지 못하고 있다. 서울 모 고등학교에서는 "저는 효자입니다"라는 인사말을 생활화함으로써 효심을 유발하는 교육을 실천한다고 언론들이 다투어 요란하게 보도했지만, 그런 방법으로 오늘의 인간 문제가 해결되리라고 생각하지 않는다.

오늘의 문제를 많은 사람들이 진단한 결과와 같이 사회 병리 현상과 가치관 전도, 방향 설정이 잘못된 학교 교육 탓이라는 데 공감하면서도 근본 원인은 유아기 부모의 자녀 교육에 있다고 진단하고 싶다.

부모가 자식에게 살해당하는 오늘의 문제는 자녀 양육의 방향을 잘못 설정한 부모들의 자업자득이라고 해도 틀리지 않을 것이다.

그러면 방향 설정이 어떻게 잘못되었는가? 결론부터 말한다.

부모의 익애(溺愛)와 과잉보호가 그런 자녀를 길러 낸 것이다.

유아기부터 부모의 과잉보호를 받으며 성장한 자녀들의 인간형을 정리하면 다음과 같다.

- 자기 중심적이고 이기적이며 자기 주관과 감정을 앞세운다.
- 의지가 약하고 투지력이 없으며 소심하고 의뢰심이 강하며 무기력하여 어떤 제약에 견디기 어렵고 고난을 극복할 힘도 없어 안일하게 살 수 있는 환경만을 추구한다.
- 마음대로 되지 않을 경우 타인을 모두 냉정하고 잔인하다고 생각하고 적대시한다.
- 남을 이해하는 도량이나 부모에 대한 효심이 부족하다.
- 자극에 대하여 침착하지 못하고 신경질적이며 감정과 욕구를 자제하지 못하기 때문에 소외감과 열등감을 갖는다.
- 자립심이 부족하여 재량권을 행사하지 못하고 어떤 일을 자기 생각, 자기 판단, 자기 능력으로 처리하지 못한다.
- 정서적으로 동요되기 쉽고 묵비권도 행사한다.
- 무엇을 해보려는 의욕과 사고력·창의력이 부족하여 기계적으로 움직이고 암기하고 모방한다.
- 인내심이 없고 자제력이 약해서 사소한 일에도 감정을 잘 나타내 웃고 울고 불평 불만하고 기분 내키는 대로 말하고 행동한다.
- 무절제하다.
- 육체적 기능과 지능 발달이 떨어진다.

위에 정리한 내용들을 패륜 김 교수에게 조명하면 너무도 정확하게 일치하는 것을 발견할 수 있다.

역사적 인물이나 보통 가정에서도 형제 중에 대체로 동생이 형보다 인간성이나 능력 면에서 우월한 경우가 많은데, 그것은 동생이 형보다 과잉보호를 덜 받고 성장했기 때문일 것이라고 분석된다. 셋째 딸은 선도 보지 않고 며느리로 삼는다는 속담도 같은 이치에서 나온 것이다.

그러면 과잉보호를 하지 않으려면 어떻게 해야 하는가?

- 자녀의 사고와 행동 영역을 부모가 침범하지 말아야 한다. 자기 문제는 자기가 생각하고 자기가 처리하도록 놔두는 것이다. 부모의 생각과 힘을 빌려 주지 않는 것이다.
- 지나친 걱정과 보호와 간섭을 하지 않아야 한다.
- 주는 사랑과 함께 자르는 사랑도 있어야 한다.
- 마음이 크고 대범하며 담력 있는 부모가 되어야 한다.
- 자녀가 원하는 것이라도 참고 기다리며 견디게 하는 배려가 있어야 한다.
- 실패와 시행착오를 겪으며 성장하게 해야 한다.
- 유아기에 여러 가지 환경적 자극과 다양한 놀이 경험을 통해 학습하고 성장할 수 있도록 여건을 만들어 주어야 한다.
- 자녀에게도 싸워서 이겨 낼 적당한 장애물과 적절한 고민과 고통이 있어야 한다.

"내게 너무 잘 해준 아버지"라고 울부짖는 패륜 교수의 말을 우리 모든 부모들은 의미 있게 받아들여 과잉보호 때문에 자녀들의 몸과 마음이 병들지 않게 해야 한다.

무례한 식사 초대
• Ugly Mother •

　새 학년 어린이들이 입학한지 한 달이 다 되어 가는 3월 하순의 어느 날, 어린이들의 귀가 지도를 끝내고 점심식사를 하려는데 음식점에서 전화가 왔다. "식사 준비를 해놓고 기다리고 있는데 왜 아직까지 오시지 않느냐"는 것이다. 무슨 영문인지 몰라 어리둥절해하며 무슨 말이냐고 되물었다.

　내용인즉 산돌유치원에 다니는 다혜 어머니가 유치원의 전 직원을 식사에 초대한다고 해서 준비를 끝내고 기다리는 중이라는 것이다. 모르는 일이라서 다혜 어머니를 바꿔 달라고 했더니, 식당에 오시지는 않고 전화로 주문하면서 그렇게 하면 안다고 했다는 것이다.

　입학 후 한 달 정도밖에 되지 않았지만 그동안 다혜 어머니가 유치원을 몇 번 찾아와 상담하면서 다혜 어머니에게서 받은 인상으로 미루어 보아 그럴 수 있었을 것이라고 짐작이 갔다.

다혜네는 할아버지 때 기업을 크게 일으켜 지금은 지역 사회에서 재력으로 꽤 유명한 집안이 됐다. 그런 가정의 다혜가 작년에 어린이집을 다니고 올해 우리 유치원에 입학했다.

다혜 어머니는 은연중 재력을 과시하고 싶어하고 유아 교육의 본질과 거리가 먼 편견이나 극히 지엽적인 문제를 대단한 교육적 소신인 양 거론하면서 유치원 운영에 자기 의견이 적극 반영되기를 바라는 눈치다.

의견 제시는 고마운 일이다. 교육에 무관심한 것보다 얼마나 좋은 일인가. 그러나 문제는 그 의견이 받아들여지지 않자 섭섭해하는 모습을 역력히 드러내는 데 있다.

유치원 운영에 바람직하고 교육적인 의견이라면 수용하지 않을 이유가 어디 있겠는가? 의견은 적극적으로 제시하되 수용 여부는 교육 전문 기관인 유치원에 맡겨야 건설적인 의견 제시라 할 수 있다.

다혜 어머니는 그런 일로 해서 유치원에 좋은 감정을 갖고 있지 않는 눈치였다. 그런데 느닷없이 식당에서 전화가 온 것이다. 담임 선생님을 불러 다혜 어머니의 식사 초대 내용을 알고 있느냐고 물었다.

그러자 정식으로 초대받은 일은 없고 며칠 전에 전화로 아무 때고 B식당에서 연락이 오면 전 직원이 가서 식사하고, 연락이 없더라도 필요하면 언제고 식당에 가서 다혜 어머니 이름을 대고 식사만 하면 된다고 하시며 작년에 다니던 어린이집에서도 그런 식으로 선생님들이 식사를 많이 했다고 말했다는 것이다. 그런 전화를 받고 별로 관심도 두지 않았고 그 뒤로 아무 연락이 없었다는 것이다.

참으로 무례하고 이상한 식사 초대도 있다고 생각하면서 식당에 식사하러 못 간다고 전화를 하였다. 영업하는 식당에 미안한 마음이 들긴 했지만 우리 직원이라야 모두 일곱 명밖에 되지 않으니, 식당에 손해가 있다 해도 대단치 않을 것 같고, 아니면 재력가 다혜 어머니가 배상하리라 생각했다.

그러던 다혜가 학년을 수료하지 못하고 중도에 퇴원하여 다른 유치원으로 갔다. 어머니의 의지대로 움직여 주지 않는 유치원에 더 이상 다혜를 다니게 하고 싶지 않았던 것이다.

다혜는 선생님도 잘 따르고 유치원 생활을 재미있게 잘 했는데 어머니의 희생양이 되어 졸업하지 못했다고 생각하니 가엾기 짝이 없었다.

유아 교육에 대한 관심과 중요성이 유아를 둔 부모들과 사회에 널리 확산된 것 같으면서도 교육 현장에서 보면 유아 교육의 개념과 본질이 제대로 정립되지 못해 교육에 많은 어려움을 겪는다.

더욱 아이러니한 것은 유아기 교육이 중요하다고는 누구나 역설하면서 그렇게 중요한 교육을 감당하고 한 인간에게 큰 영향력을 행사하는 유치원 교사의 역할과 위상에 대해서는 무게를 두지 않고 있는 것이 현실이다.

유치원 교사에 대한 인식이 어느 정도인지는 위의 다혜 어머니 경우 말고도 많은 사례를 들 수 있다.

- 새 학년 원아 모집 시기가 되면 바빠서 유치원에 못 가니 선생님 시켜서 원서 한 장 보내 달라는 예비 학부모.
- 동창회다, 계 모임이다, 친척 방문이다, 하면서 지금 어디에 와 있으니 어린이 공부가 끝나면 그리로 데려다 달라는 부모.
- 고모 결혼식 때문에 유치원에 못 가는데 결석으로 처리하지 말아 달라는 부모.
- 넓은 아파트로 이사해서 아이 방을 예쁘게 꾸며 좋은 장난감과 그림책을 많이 준비해 줬더니 아이가 너무 좋아해 이젠 유치원에 다닐 필요가 없게 되었다고 퇴원시키는 어머니.
- 점심 시간에 아이가 밥을 먹든지 잘 안 먹든지 부모가 알아서 할 테니 식사 지도로 아이에게 스트레스 주지 말라는 어머니.
- 입학식 때 받은 모자 끈이 떨어졌다며 몇 바늘만 꿰매도 될 것을 다른 모자로 바꾸어 달라는 어머니.
- 어린이에게 생활 지도상의 문제가 있어 어머니에게 교육 상담이 필요하다고 연락했을 때 '걔는 걔 인생이 있고 나는 내 인생이 있다'면서 괘념치 말라는 어머니.
- 심지어 어린이가 방학 동안 시골에 갔다가 아직 오지 않았으니 개학을 하루만 연기할 수 없느냐는 전화도 서슴없이 하는 어머니.

정도의 차이는 있어도 유치원과 유치원 교사에 대한 부모와 사회의 인식 수준이 그렇게 밖에 되지 못한 책임이 전적으로 부모들에게만 있는 것은 아니다.

열악한 교육 여건과 유아 교육이 제도적으로 확고히 정착되지 못한 혼란 속에서 사이비 유아 교육기관과 원아 유치 경쟁을 벌여야 하고 학부모의 요구와 전시효과를 의식하여 교육의 정도(正道)를 걷지 못하고 유치원을 편법 운영해 온 유치원 모두의 책임이며 자업자득이다.

다혜 어머니와는 너무나 대조적인 학부모 한 분을 만나 보기로 한다.

결혼식장에 하객으로 갔다가 같은 하객으로 오신 교육대학 C학장님을 만났다. 소탈하면서도 고매한 인품으로 그를 아는 사람들은 모두 학장님을 존경하는데, 나는 학장님과 학교 선후배 관계이기도 해서 특별한 교분과 사랑을 나누고 있다.

"원장님 안녕하십니까?"

반갑게 손을 덥석 잡으면서 먼저 인사를 건네시는 것이 지금까지와는 달리 어쩐지 격에 어울리지 않게 너무 정중하다는 생각이 들었다.

그러나 순간적으로 짚이는 게 있었다. 학장님의 손녀가 올해 우리 유치원에 입학했다는 사실이다. 군사부일체를 들먹이지 않더라도 스승을 존경하고 그림자도 밟지 않는 마음이 제자의 도리일진대 제자의 부모도 같은 자세여야 한다는 학장님의 마음을 읽는 것은 그리 어려운 일이 아니다.

사도(師道)가 땅에 떨어지고 학생은 있으나 제자는 드물고 교사는 있으나 스승은 많지 않다는 오늘의 교육 풍토 속에서 교사 양성 책임을 진 교육대학 학장으로서 경사(經師)보다 인사(人師)를 길러 내는 스승의 모습을 볼 수 있었다.

학장님과 같이 피로연장에서 즐겁게 식사하며 담소를 나누다 헤어져야 할 시간이 되었다. 학장님 대학에서 전국교육대학 학생처장 회의가 곧 열리게 되어 빨리 학교로 돌아가셔야 할 형편인데, 내가 승용차를 가져오지 않은 것을 알고 그 바쁜 시간을 쪼개서 마다하는 나를 끝까지 우겨서 유치원까지 태워다 주시겠다는 것이다. 만나지 않았으면 모를까 버스를 타고 갈 손녀의 스승을 보기만 하고 자신만이 승용차로 갈 수 없다는 배려에서일 것이다.

유치원에 도착해서는 그냥 가시라고 해도 차에서 내려 현관 앞에서 내게 정중히 인사를 하고 가시는 것이었다.

송구하기도 하고 교사로서 책임이 더 무거워지기도 하고 아무튼 많은 것을 생각하게 하는 만남이었다.

선생님에게 발길질

• 용기·오기·객기 •

∽

    입학식을 하고 사흘째 되는 날 아침이다. 각 교실마다 어린이들의 활동이 시작되었는데 복도에서 한 어린이가 주먹으로 엄마 가슴을 치며 교실에 들어가지 않겠다고 실랑이를 하고 있다. 가슴에 단 이름표를 보니 영태다. 나는 무릎을 굽혀 영태와 눈높이를 맞추고

    "오! 영태구나, 우리 교실에 들어갈까?"

하고 껴안아 주려 했다. 그런데 영태가 느닷없이 발로 내 배를 냅다 걷어차는 게 아닌가.

    입학 초기에는 새로운 환경 변화에 적응하기 전이라 저항을 느끼거나 사회성 훈련의 미숙으로 교실에 들어가지 않겠다고 울며 떼쓰는 어린이도 있고, 자기 방어를 위해 부모나 교사에게 발길질 같은

폭력을 쓰는 어린이도 있다. 울며 떼쓰는 어린이를 유치원 생활에 적응시키는 것은 별로 어려움이 없지만, 난폭한 어린이의 문제는 그렇게 간단치가 않다. 오랫동안 문제 행동의 요인이 잘 해소되지 않기 때문이다. 부모의 자녀 양육 태도와 유치원의 교육 방침이 잘 조화되지 않는 데 그 이유가 있다.

난폭한 어린이의 행동 양태를 정리해 보면 대개 이렇다.

- 남을 때리거나 물건을 던지거나 고함을 지른다.
- 어른이나 교사에게도 안하무인으로 반항하고 늘 요란스럽다.
- 정서적으로 성숙하지 못하여 잔인하고 충동적·감정적으로 행동한다.
- 사회성 훈련이 부족하여 집단 생활이나 규칙적인 생활에 인내할 줄 모른다.
- 자기 통제 훈련이 미숙하다.
- 다른 사람의 입장이나 의사를 수용하지 못하고 누구나 자기 뜻에 따르기를 바라고 끝까지 고집을 피운다.

다음으로 어린이가 난폭하게 된 원인과 이유를 정리해 본다.

- 과잉보호로 자기 중심적인 성격으로 길러지고 방자함이 통하는 가정에서 성장하였다.
- 원하는 대로 들어주고 벌을 받거나 꾸중을 들어 보지 않아 욕구

불만을 참는 훈련이 되어 있지 못하고 판단력이 미숙하다.
- 신체적 결함이나 결손 가정으로 인한 열등 의식의 대상(代償) 행동이다.
- 부부간의 불화나 난폭한 부모의 영향을 받았다.
- 애정 결핍이나 욕구 불만이 누적되었다.
- 다른 사람의 관심이나 주의를 끌기 위해서이다.
- TV·만화·영화 등에 나오는 난폭한 행동을 모방한다.

어린이의 문제 행동을 교정하는 가장 기초적인 방법은 어린이의 기본적 욕구를 충족시켜 주는 것이다. 인정·칭찬·관심·역할은 어린이의 기본적 욕구이므로 사례에 따라 이러한 욕구를 충족시켜 주는 것이 문제 해결의 큰 비중을 차지한다.

그러나 이러한 처방이 어떠한 사례에도 효력을 발휘하는 것은 아니다. 특히 난폭한 어린이의 경우가 그렇다. 과잉보호와 방자함이 통하는 가정에서 자기 중심적인 성격이 길러진 어린이에게는 인정이나 칭찬, 관심 표명, 역할 제공이 순간순간의 임시 처방은 될지 몰라도 근본적인 성격 교정에는 비효율적인 경우가 있어 시간이 오래 걸린다. 내 경험으로는 참고 기다리게 하든가, 호되게 야단을 치든가, 남을 폭행한 만큼 체벌을 주든가 해서 자기 뜻대로 되지 않는 것이 옳다는 경험을 하도록 해야 할 경우도 있다.

그러나 질책과 체벌은 사안에 따라 신중히 해야 한다. 체벌은 오히려 흉내내어 난폭한 행동을 조장할 우려가 있다. 애정 결핍으로 야기된 문제를 야단치면 더욱 사랑받지 못했다고 느껴 욕구 불만을 심화시킬 우려가 있다.

관심과 주의를 끌기 위해 문제를 일으켰을 때 꾸짖거나 벌을 주면 관심 끌기 목적을 이루었기 때문에 그런 행동을 앞으로도 계속할 우려가 있다.

원장에게 발길질한 영태에게 가장 교육적인 대처 방법이 무엇인지 빨리 생각하고 지도를 해야 한다. 입학한 지 사흘밖에 되지 않은 상태라 교육적인 지도 방법을 판단하는 것이 더 어렵다.

영태나 영태 어머니가 우리 유치원의 교육 방침을 잘 이해하지 못하는 상황이니, 바람직하지 못한 행동을 고친다고 하다가 자칫 교각살우(矯角殺牛)가 될지도 모른다. 대개의 경우 이런 상황에서 교사의 교육적인 배려를 어린이와 부모가 수용하지 않는 경우가 많다.

그렇다고 교육적 소신을 버리고 어린이와 부모가 수용할 수 있는 방법만 생각할 수는 없다. 영태의 경우 어떠한 지도 방법으로도 당장 행동의 변화(교육의 효과)를 가져오기는 어렵다. 행동 교정이 가능한 시간과 인적·물적 환경이 필요하다.

마침내 영태 문제에 대처할 결심이 섰다. 물론 부작용이 따르겠지만 영태에게보다 영태 어머니에게 하나의 지도 모델을 제공하여 간접적인 교육 효과를 유도해야겠다고 생각했다.

영태와 어머니를 교무실로 데리고 갔다.

'어른이나 선생님에게 그렇게 버릇 없이 발길질하면 나쁜 아이

야…….'

이와 같은 설교는 영태에게 교육적 효과를 가져올 수 없다고 판단했다.

"너는 원장 선생님을 발로 찼어, 그래서 배가 아프단 말이야. 나는 잘못한 것도 없는데 너는 내 배를 찼지. 그러니까 너는 잘못했어. 잘못한 사람은 벌을 받아야 해."

영태를 붙잡고 손바닥으로 종아리를 한 번 세게 때렸더니 영태는 고래고래 소리지르며 사무실의 집기를 집어던졌다. 시간이 좀 흐르면 영태를 껴안고 볼을 비비며 스킨십을 시도해 볼 작정이었다.

그런데 영태 어머니가 영태의 팔을 낚아채더니 꽝 하고 사무실 문이 부서져라 닫고는 집으로 가버렸다.

과잉보호와 자식의 기를 죽이지 않겠다고 객기만 길러 온 어머니의 뒷모습을 보면서 마음이 너무 허탈해졌다.

무엇이든 남에게 져서는 안 된다고 오기만 길러 줘 어린이의 심성을 병들게 한 어머니로 인해 영태는 객기와 오기를 용기로 착각하고 있는 건 아닌지 모르겠다.

조선 시대 판중추부사 조경이 어느 대신의 집에 초대를 받았다. 수인사가 끝나기도 전에 대신의 어린 손자가 조경의 목덜미를 잡고 등에 기어오르는 것이 아닌가. 겨우 끌어내렸더니 이번엔 수염을 잡고 갓을 벗어젖혔다.

"허허, 저리 비켜라."

타이르면서 떼어놓았더니, 그 손자는 상스러운 욕을 마구 하면서 목침을 냅다 던져 조경은 안면을 다쳤다. 그래도 대신은 껄껄 웃으며 쳐다보기만 했다.

"어린것이 어른을 조금도 두려워하지 않는 것은 기상이 범상치 않은 증거인지라 장차 큰 재목이 될 거요."

대신의 이 말에 조경은 코웃음을 쳤다.

"굽은 나무는 어릴 때 바로잡아야 하는 법입니다. 어른을 욕하고 옳고 그름을 분별 못하는 저런 나쁜 버릇이 성품으로 굳어 버린다면 어떻게 되겠습니까? 집안에 공경할 사람이 없고 나라에는 두려운 사람이 없다고 믿어 세상을 우습게 생각하게 될지도 모릅니다. 그의 그 객기가 악을 범하는 지경에 이르지 않는다고 누가 장담하겠소."

조경의 이 말에 대신은 아무 말도 하지 못했다.

핵가족 시대 자녀 교육의 문제점은 자녀에게 문제가 있는 것이 아니고, 그 부모에게 문제가 있음을 깊이 반성해야 한다. 오기와 객기만으로 길들여진 인격 파탄자의 모습을 보자.

여중 2학년인 Y는 아버지의 물심부름을 하다가 그만 물 그릇을 엎질렀다. 여자가 조심성이 없다고 야단을 맞은 Y는 그 길로 제 방에 가 자살을 하고 말았다.

초등학교 4학년인 K는 친구에게 생일 초대를 받고 어머니에게 선물 살 돈을 청구했다. 2000원을 주자 적어서 안 된다고 떼를 썼으나 어머니는 그거면 족하다고 묵살했다. 어머니가 직장에서 돌아와 보니 K는 목을 맨 시체로 발견되었다.

오락실 여주인이 야간에 피살되었는데 범인은 고교생 두 사람이다. 그 가운데 A는 모 대학교수의 아들로 부족한 것 없이 유복한 가정에서 자랐는데 친구인 B가 오락실에 드나들면서 학비를 탕진하자 B를 돕는다고 공모하여 범행하였다.

모두 언론에 보도된 사건들이다.

용기인가! 오기인가! 객기인가!

프로이트라는 독일의 심리학자는 옳고 그름을 판단할 수 있는 능력과 양심, 그리고 옳은 일을 하려는 용기는 대소변 가리기를 할 때부터 싹트기 시작한다고 말했다.

정의감이나 용기와 같은 도덕적 성품은 6세 이전에 길러야 한다.

오늘날과 같이 인간성이 상실되어 가는 현실에서 부모와 유치원 교사의 사명은 막중하다 아니 할 수 없다.

부모와 자녀의 감자캐기

• 정서 교육 •

∽

 우리 유치원은 8킬로미터 가량 떨어진 농촌에 400평의 밭을 마련하고는 학습 농장을 운영한다. 1학기에는 감자를 심고 2학기에는 고구마와 무를 심는다. 종자 관찰이나 경작 방법에 대한 예비 교육은 교실에서 하지만, 파종할 때나 수확할 때는 농장 관리인이 준비해 놓은 밭에 가서 직접 실습한다.

 시멘트 콘크리트와 아스팔트만 밟고 생활하던 어린이들이 흙을 밟고 파뒤지며 흙냄새를 맡는 것은 대단한 교육적 의미가 있다. 더구나 작물을 수확할 때 땅 속에서 호미로 감자나 고구마를 캐고 무를 뽑아 배낭에 담는 어린이들의 모습을 보면 진기한 보물을 캐낸 듯 자못 진지하고 천하를 제패한 개선장군인 양 당당하다. 신기한 자연의 섭리에 매료되고 자신의 노작으로 이루어 낸 결실에 보람을 느끼는 어린이들의 모습을 지켜보는 것은 교사만이 누릴 수 있는 즐거움일 것이다. 그러나 이 보람찬 교육 현장에서도 교사를 우울하게 만드는 일이 있다.

호미로 과감하게 땅을 파헤쳐 씨앗을 심고 감자를 캐는 어린이가 있는 반면, 땅을 파지 못하고 망설이며 다른 어린이나 교사의 눈치만 보는 어린이가 상당수 있기 때문이다. 땅 속에서 힘차게 보물(감자)을 캐내는 친구들을 부러운 눈으로 바라만 볼 뿐 직접 할 용기를 내지 못하고 있다.

집에 가져갈 감자가 없는 어린이가 딱하여 교사가 감자를 캐서 배낭에 집어넣으라고 하면 호미를 쥔 오른손으로 감자까지 한꺼번에 겹쳐 집으려고 하니 작은 손에 제대로 집혀지지 않는다. 이럴 때 교사는 슬퍼진다. 누가 이 아이를 이렇게 만들었는가!

서부를 과감하게 개척해 나갔던 미국인의 프론티어 정신을 생각하면서 우리 어린이가 주역이 될 국가의 내일을 생각하면 슬퍼지는 것이다.

세상에서 가장 잘난 자기 자식에게 무한한 기대를 걸고 그 아이가 해야 할 모든 것을 다 해주고 모든 것을 다 바친 이 땅의 정성스런 부모가 자녀를 그렇게 무기력하게 만든 것이다.

감자캐기 실습은 1차, 2차로 나누어 1차에는 어린이들만 갔다 오고 2차에는 부모와 자녀가 같이 작업하도록 하였다. 감자를 수확해 간

날은 대부분의 가정에서 작은 소동이 일어난다. 감자 음식을 만들어 먹으며 농사를 지어 수확한 어린이의 성취감에 온 가족이 격려를 보내며 기뻐하는 것은 물론, 친척과 이웃에게도 한 알 두 알씩 나누어 주며 떠들썩하게 자랑을 한다.

부모와 자녀가 함께 하는 2차 감자캐기 실습은 사전에 참가 신청을 받는다. 금년의 경우 400평의 감자밭 경작 총 경비가 85만 원 정도 들었다. 그래서 부모 실습 참가비를 1만 5천 원으로 책정하였다. 재적 132명의 원아 중 절반 정도인 60가정만 참가하면 유치원에서는 버스 전세료만 좀 부담하면 될 것 같았다. 그러나 신청 접수 결과 예상이 빗나갔다. 아버지의 참가를 고려하여 작업일을 토요일 오후 3시로 했는데도 신청한 가정은 겨우 29가정에 불과했다.

부모와 자녀의 공동 작업을 계획한 목적은 오늘날 극도로 상업주의에 휘말리고 물질과 '나' 위주로만 살아가는 모래알 같은 가정과 사회 속에서 어린이들의 정서가 메말라 가는 것을 안타깝게 여겨 이에 대처하는 교육의 한 역할을 감당하려는 데 있었다.

모든 생명의 터전인 자연과 흙에 좀 더 가까이 하고 부모와 자녀가 공동 목표를 향하여 협력하고 땀흘려 일하는 데서 느끼는 보람과 기쁨과 성취감을 함께 나눔으로써 부모 자식 간의 끈끈한 정과 행복을 창출하고 '우리'라는 고리를 튼튼히 하는 것은 어린이 정서 교육에 더없이 좋을 것이라고 믿기 때문이다.

부모와 자녀의 공동 작업 계획에 신청자가 적은 것은 물론 가정마다 사정과 이유가 있었을 테지만 행사에 대한 이해 부족, 특히 자녀들의 정서 교육에 대한 무관심이 큰 비중을 차지했으리라고 본다.

따가운 여름 햇볕 아래 어린것을 데리고 흙먼지를 뒤집어쓰며 힘들게 고생하느니 차라리 시장에서 1만 5천 원어치 감자를 사다 먹으면 더 편하다는 얘기가 들려오니 말이다.

반면에 이 행사에 참가했던 부모들은 옷이 비 맞은 듯 땀에 흠뻑 젖고 흙으로 뒤범벅이 된 모습으로 이토록 즐겁고 보람된 프로그램을 계획해 주어 너무나 고맙다는 인사를 이구동성으로 하고 있으니 너무나 대조적이다.

오늘날 환경 오염과 자연의 황폐화를 심각한 문제로 여겨 온 나라가 크게 염려하고 있지만 그보다는 어린이에서 성인에 이르기까지 정서가 메말라 정신적 황폐가 가속화되어 가는 것을 더 우려해야 한다.

아름다운 자연의 오묘한 섭리에 흠뻑 취하고 사랑이 넘치는 가정과 사회에서 꿈과 감동을 먹고 마음껏 자라야 할 어린이들이 정서장애로 인한 인격 결함으로 정신적 고아가 되어 가고 있다.

자연이 오염되고 황폐해지는 것은 눈에 잘 보이지만 어린이를 비롯한 온 국민의 정신적 황폐는 골수를 파고드는데도 잘 보이지 않고 누구 하나 뚜렷한 대책과 방법을 제시하지 않고 있다.

학교 앞에서 사온 노란 병아리를 잠 안 자며 물 주고 모이 주며 애지중지 정성을 다해 기르던 어린이의 정서는 다 어디 가고 오늘의 어린이들은 그 병아리를 고층 아파트 베란다에서 떨어뜨려 죽이기 내기를 하고 있다.

여름 방학에 시골에 가서 어쩌다 개구리를 잡으면 길바닥에 내팽

개치고 바들바들 떨며 죽어 가는 개구리를 보며 좋아라 즐거워하고 있다.

잠자리를 잡아서 날개를 찢으며 좋아하는 어린이들!

진달래꽃 아름답게 핀 동산에 올라 진달래 꽃술을 엇걸어 끊기 내기를 하던 어린이들이 이제는 교실에 모여 앉아 자기 머리카락을 올올이 뽑아 서로 엇걸어 끊기 내기를 하고 있다.

유치원에서 생활하며 나타나는 어린이들의 정서장애 행동 사례는 얼마든지 있다. 잠시도 제자리에 있지 못하는 명수는 틈만 나면 몰래 화장실에 가서 열한 개나 되는 대소변기와 수도꼭지를 모두 열어 물이 쏟아지게 해놓고는 화장실 출입문을 안으로 잠그고 나온다. 당황해하는 선생님들의 모습을 훔쳐보는 명수를 알아낸 것은 같은 사건이 여러 번 일어난 뒤였다. 가위로 여자 어린이의 머리카락을 잘라서 자주 울리는 민우도 있다.

물질만능·상업주의 풍조가 이 사회에 만연하면서 인간성 상실이 가속화되어 가고 있다. 나라와 민족의 희망찬 내일을 엮어 나가려면 어린이의 정서를 되찾아 주고 인간성을 회복해야 한다.

어린이의 정서 순화에는 부모의 정서가 많은 영향을 미친다.

서울 안암동 한옥에 살 때 우리 집 문간방에 세들어 살던 네 살짜리 명희의 일은 지금도 내 마음에서 지워지지 않는다.

명희 어머니가 저녁밥을 지으려는데 바가지가 안 보여 이리저리 찾다 보니 명희가 대문 밖 시멘트 길 위에 어디서 구해 왔는지 흙을 수북히 쌓아 놓고 바가지로 물을 떠다 장난을 하고 있지 않은가. 화가 난 어머니는 바가지를 빼앗고 흙무더기를 발로 문지르며 빨리 갖다 버리라고 명희 머리를 한 대 쥐어박았다. 명희는 담 밑에 쭈그리고 앉아 계속 울었다. 나는 퇴근길에 자초지종을 알았다.

며칠 전 가족이 모여 앉아 사과를 먹었는데, 영리한 명희는 사과가 어떻게 해서 생겼느냐고 물었고 아버지는 사과씨를 흙에 심고 물을 주면 싹이 나서 나무가 되고 그 나무에 사과가 열린다고 설명해 주었다.

"사과나무 만들려고 사과씨를 심었는데…… 흑……흑."

명희의 이 독백은 어린이들과 같이 생활하는 동안 계속 내 마음에서 지워지지 않는다.

작년 추석 무렵 어느 날 저녁때다. 지하층 사무실에서 종례를 하는데 현관문 안에서 요란스럽게 폭죽이 펑펑 하고 터지는 소리가 들려왔다. 쫓아가 보니 초등학생 3~4명이 도망가고 있었다. 놀이터에서 놀고 있는 아이들에게 물어 도망간 어린이들의 신원을 확인하는 과정에서 새로운 사실을 발견했다. 폭죽을 던지기 전에 유치원 복도에 있는 유리 액자 몇 개를 벗겨다가 놀이터 나뭇가지에 걸어 놓고 발로 차 부수기 내기를 했다는 것이다. 그냥 넘겨 버릴까도 생각했지만 무언가 교육적인 지도가 가해져야 되겠다고 판단되어 부서진 액자틀을 주워 들고 신원이 확인된 어린이 집에 찾아갔다. 마침 어머니와 어린이가 집에 있었다.

"우리 애 혼자서 그랬나요? 값을 얼마 물어 주면 되죠?"

어머니의 이 말에 나는 교사이기 이전에 같은 부모로서 비애감을 느끼지 않을 수 없었다.

물질이나 돈보다 정신, 정, '우리'를 생각하는 부모 밑에서라야 어린이는 정서적으로 곱게 자란다. 특히 유아기는 무릎학교 시기다. 어머니와 자녀가 무릎을 맞대고 그림책을 읽고, 어머니가 들려주는 동화를 듣고, 동요를 같이 듣고 부르는 활동은 무릎학교의 참 좋은 교육 활동이다. 어머니의 자장가는 어린이를 잠재우기 위한 것만이 아니다. 어머니의 사랑과 감정과 기도를 전달하는 수단이다.

한 민족의 영혼은 그 민족이 부르는 동요와 가곡의 영향을 크게 받는다고 한다. 어린이의 영혼을 병들게 하는 저속하고 퇴폐적인 음악을 어린이들 주변에서 몰아내야 한다. 어린이의 정서 문제를 생각할 때 요즘 너도나도 경쟁적으로 하고 있는 미술·음악 등 예능 레슨 문제도 한번 짚고 넘어갈 필요가 있다. 정서 교육에 도움이 되기보다 오히려 해가 될 수도 있기 때문이다. 레슨의 동기가 어린이의 소질이나 욕구보다 부모의 일방적인 생각이나 욕심 때문에 이루어지는 데 문제가 있다.

'다른 집 아이들이 모두 하니까.'

'특기 하나쯤 있어야 행세하니까.'

'초등학교 등 상급 학교에 가서 점수를 높일 수 있으니까.'

이렇게 시작된 예능 레슨은 부모의 기대와 압력 속에 어린이의 정서를 병들게 하고 있다.

유치원 끝나고 학원 가기 싫어 이런저런 핑계로 거짓말하는 어린이를 종종 본다.

어린이 정서 교육을 위해서는 사람과 사람 사이의 정적 교류가 무엇보다 중요하다. 친구들과 많이 어울려 놀고, 이웃과 친척의 희로애락에 관계된 행사에도 자주 참석하여 생각하게 하고, 가까운 사람들의 기념일을 기억하고 축하하는 일은 정서 교육의 좋은 기회라 할 수 있다.

3부 춤추고 그리는 곳만 아니다...

둘째가 더 능력 있어
• 자생력(자생력) •

출생 순서가 사람의 성격 형성에 중요한 변수가 된다는 내용의 저서가 출간되어 화제를 모으고 있다.

미국 매사추세츠 공대 프랭크 셀러웨이 연구원은 성별·인종·민족·계급보다 출생 순서가 성격 형성에 더 큰 영향을 미친다는 내용을 담은 『태생적 반항』이라는 책을 펴냈다.

지난 26년 동안 2만 건의 전기(傳記)와 기존 연구 2000건을 통해 추출한 역사적 인물 6566명을 대상으로 출생 순서와 성격의 상관 관계를 분석한 결과, 맏이는 대개 부모나 권력, 권위와 자신을 동일시하면서 독단적·지배적·야심적인 성향을 보이는 반면, 둘째·셋째 등은 체제와 권위에 맞서는 혁명적 성격을 띠었다는 것이다. 둘째 등이 그런 성격을 가질 확률은 맏이보다 최고 15배까지 높다는 통계다.

진화론의 찰스 다윈, 지동설을 주장한 니콜라우스 코페르니쿠스, 전기를 처음 실험한 벤자민 프랭클린, 컴퓨터의 귀재 빌 게이츠 등이 모두 출생 서열이 늦은 사람들로 혁명아들이란 공통점을 갖고 있다고 지적했다.

셀러웨이는 출생 순서에 따른 성격 형성의 배경을 부모의 사랑 등 가정의 제한된 자원을 두고 벌이는 형제간의 경쟁에서 찾고 있다. 둘째 · 셋째 등은 맏이보다 약세로 출발하기 때문에 체제에 이의를 품게 되어 자연히 혁명적 성격을 띠게 된다는 것이다.

그러나 이와는 또 다른 보고서도 나와 있다.

미국의 백만장자들이 성공한 비결은 선천적 요인이나 주어진 가정적 요인보다 본인의 의지와 노력에 있다는 것이다.

첫째, 이들은 독립심이 강했다.

유명한 전기 기구 메이커인 더브르는 구두 수선공의 아들로 골방에서 전기 수선공으로 사업을 시작했고, 억만장자인 월마트는 연쇄점 잡화상에서 시작했으며, 샘 월턴도 몇천 달러짜리 잡화상에서 출발했다.

모두 부모의 유산은 조금도 없었지만 자신의 노력으로 자수성가한 사람들이다. 백만장자로 성공한 사람의 80%는 노동자나 중산층 출신의 자녀들이라는 것이다. 이들은 자신의 문제는 누구의 도움도 기대하지 않고 스스로 개척해 갔다.

둘째, 남달리 근면 성실했다.

성공한 사람들의 90%가 60대 이후에 백만장자가 되었다는 사실은 일확천금한 것이 아니고 부지런함과 성실함으로 성공했다는 것을 말해 준다.

셋째, 근검절약했다.

옷 한 벌로 40년을 입었다는 백만장자가 있는가 하면 롤렉스 같은 고급 시계를 차고 있는 사람은 한 사람도 없었다.

넷째, 학력은 크게 작용하지 않았다.

이들 중 15%가 고졸 이하의 학력이었다고 한다.

다섯째, 이들은 퍽 가정적이었다.

특히 아내와의 화목과 내조에서 용기를 얻었고, 아내들은 일체 집 밖의 일에는 개입하지 않았다는 공통점이 있다.

셀러웨이의 보고는 형제간의 성격과 능력 중 성격 쪽에 더 비중을 두고 성격의 차이는 부모의 사랑 등 가정의 제한된 자원을 두고 벌이는 형제간의 경쟁에서 그 원인을 찾는데, 나는 그와 시각을 좀 달리한다.

인간성(성격)이나 능력 모두 형보다 동생이 더 우수한 경우가 많은 것을 교육 현장의 경험에서 느낄 수 있는데, 동생의 성격이 더 원만하고 능력이 뛰어나 성공적인 것은 형제간의 불평등한 조건에 의한 경쟁 때문이라기보다 부모의 자녀별 양육 태도의 차이, 즉 부모와 자녀 간의 상호 작용 차이 때문이라고 본다.

다시 말해서 부모의 과잉보호를 받은 자녀냐 그렇지 않은 자녀냐에서 오는 결과라고 본다.

대부분의 가정에서 부모는 첫아이에 대해서는 너무 많은 관심과 기대를 가지고 어린이의 모든 생활을 지나치게 지배하고 보호하려 한다. 어린이가 해야 할 '생각'과 '행동'을 부모가 일일이 판단하여 결정하고 지시한다. 어린이의 요구 사항을 불편 없이 들어주고, 힘든 일이나 어려운 문제는 도와주고 해결해 준다. 그러나 둘째 아이 이후에는 대체로 첫아이에게 하던 것만큼 부모의 정성(?)이 미치지 못한다. 너무나 많은 관심과 너무나 큰 기대를 가지고 너무 잘 키워 보려는 부모의 양육 태도로 말미암아 과잉보호를 하게 되었고, 그 과잉보호가 어린이를 무기력하고 자기만 아는 이기적인 사람으로 만든 것이다.

위에서 예를 든 백만장자의 연구 보고는 이를 잘 말해 준다. 성공한 백만장자들은 출생 서열보다 그에게 주어진 환경과 여건으로 인해 자주성을 키워 갈 수 있었던 것이다. 부모의 지나친 보호와 지배가 배제되었기 때문이다.

이처럼 부모의 보호와 지배를 덜 받은 둘째 이후의 자녀는 자신의 생각과 판단으로, 그리고 자기 힘으로 살아가게 되어 독립심과 창의력이 강해졌고 대인 관계에서 생각의 폭도 넓고 깊어져 자기 중심적이고 이기적인 사고의 틀에서 벗어나게 된 것이다.

"셋째 딸은 선도 안 보고 며느리 삼는다"는 우리 속담은 용모보다는 인간 수업을 잘 한 그 마음, 즉 심성을 가리켜 한 말이다.

둘째 이후는 스스로 자기 생활을 개척하느라 맏이보다 실패와 시행착오 경험이 더 많고 대인 관계에서 상호 작용의 폭도 더 넓다. 그러한 과정을 통해서 소중한 교훈과 지혜를 배우고 자신감도 생기게 되는 것이다.

아이러니컬하게도 부모의 관심을 덜 받은 둘째 이후의 자녀가 효심이 더 강한 사례는 얼마든지 있다.

"매맞은 자식이 효도한다"는 속담도 있다. 부모의 맹목적인 사랑이 자녀를 그르친다는 사랑의 역기능을 경고한 말이다.

무엇보다 자녀를 잘 키우려면 어린이를 과잉보호의 사슬에서 풀어 놓아 그들을 자유롭게 해주어야 한다. 과잉보호는 어린이의 발달을 방해하고 자기 훈련의 기회를 박탈한다.

과잉보호는 어린이의 모든 것을 부모가 대신 해줌으로써 스스로 생각하고 무엇인가를 스스로 해보려는 의욕이 부족해져 자발성과 창조성이 떨어지고, 집념과 투지력이 부족하여 정신적 성장은 물론이고 육체적 기능과 의지 발달도 더디게 한다. 또한 지나치게 이기적이고 자기 중심적으로 되어 무례할 뿐 아니라 자신의 감정과 욕구를 자제하지 못하여 대인 관계가 원만치 못하다. 교우 관계도 그렇고 부모나 가족 간에도 늘 마찰과 알력이 생긴다. 금지옥엽으로 받들어 키운 자식이 가정에 불화를 초래하고, 가장이 되었을 때 능력 부족으로 가산을 탕진하고 패가망신하는 경우를 종종 볼 수 있다.

서울에서 사립 초등학교 6학년을 담임했을 때다. 전교적으로 매달 1회 일제히 시험을 실시하고 반별·학년별 개인 석차와 반 평균 점수를 산출하는데, 그 결과에 어린이나 부모가 얼마나 관심이 많고 예민한지 모른다.

극성스러운 부모들은 아이들과 이반 저반 성적을 들먹이면서 학급을 비교 평가하는데 담임은 지도 능력을 평가받는 것 같아 여간 신경 쓰이는 일이 아니다.

담임으로서 반 어린이들을 위하여 최선을 다해 가르쳤으면 됐지 일제 고사의 결과가 교육의 전부는 아닌데 그렇게 신경 쓰일 게 뭐 있느냐고 초연해 보려고 하지만 그렇지 못한 것이 또한 현실이다.

학년초 한두 달은 우리 반 성적이 6학년 세 반 중 제일 좋았는데 달이 지날수록 학급 평균 성적이 다른 반에 뒤지기 시작했다.

평소 내가 곁에서 보기에도 학습 지도가 좀 소홀한 것이 아닌가 하고 느끼는 K선생님 반보다 우리 반 성적이 뒤지는 것은 도저히 이해할 수가 없었다.

5학년을 수료하고 진급할 때, 세 반을 섞어서 우열이 고르게 안배하여 반을 편성하였기 때문에 학년초 학급별 학력차는 별로 없이 평준화된 상태에서 출발하였다.

그래서 나는 우리 반 어린이들의 학력을 향상시키기 위하여 내가 할 수 있는 노력과 정성을 다하여 지도하면 좋은 성적을 나타내리라 믿었다.

내가 K선생님보다 더 노력하고 있다고 자부하는 여러 가지 사례 중 숙제 문제 한 가지만 가지고 예를 들어 보면 이렇다.

날마다 어린이들이 집에 가서 공부해야 할 내용과 숙제를 담임인 나는 계획성 있게 일일이 제시해 주었다. 어느 교과서 몇 페이지부터 몇 페이지까지 공부해야 한다든가 문제집은 몇 페이지를 어디에 풀어 와야 한다든가 오늘은 어떤 종류의 책을 읽으라는 것까지……. 그리고 그 결과는 다음날 교실에서 철저히 확인한다.

수업 시작 전 이른 아침 시간, 쉬는 시간, 점심 시간 등 틈나는 대로 전체 어린이들을 1대 1로 가정학습 결과를 점검해 나가는 것은 그리 간단한 일이 아니었다. 학급 운영도 그런 식으로 철두철미하게 내가 일일이 계획하고 지시하여 어린이들이 이행하게 하였다.

그런데 K선생님은 좀 달랐다. K선생님이 내 아이의 담임이 되면 곤란하겠다는 생각이 들 정도로 학습 지도며 어린이 관리가 내가 생각하는 기준에 미치지 못하였다. 교재 연구며 수업 준비도 나보다는 노력을 덜 하는 것 같고 어딘가 허술해 보였다.

가정 학습 제시도 계획성이 없어 보였고 숙제 검사도 반장을 시켜 도장을 찍게 하는 경우를 종종 볼 수 있었다.

그런데 K선생님 반 성적이 달이 지날수록 우리 반보다 좋아지는 것은 어쩐 까닭인가! 여러 가지 정황을 분석한 끝에 내 나름대로 얻어낸 결론은 어린이들의 자율에 의한 자생력의 차이가 중요한 원인이라는 것이다. 피동과 능동의 차이가 어린이들 능력의 차이를 가져온 것이다. 우리 반은 교사 나름대로 어린이들의 발달 수준을 고려하여 공부할 내용과 분량, 시간을 치밀하게 계획하여 공부하도록 지시하고 학습 결과도 철저히 확인하며 관리해 온 반면, K선생님 반은 어린이들이 선생님을 의식하거나 선생님의 생각을 많이 빌리지 않고 각자가 스스로 문제를 찾고 계획을 세우며 공부해 왔던 것이다.

K선생님 반 어린이들이 자신의 학습 활동 결과에 대하여 성취감이

더 컸을 것이고 미래지향적이었음은 말할 것도 없다.

교육의 과잉보호가 어린이들의 자발성과 자생력을 저해하여 집념과 투지력을 약화시켰다고 생각하니 지금도 그때 제자들에게 죄책감을 지울 수 없다.

남녀 7세 부동석?

• 성교육 •

∾

　유치원 마당에 한 반 어린이가 동시에 들어가 물놀이를 충분히 할 수 있도록 60평방미터 크기의 수영장을 만들었다.

　매년 7월이 되면 시간표를 짜서 날마다 반별로 물놀이를 하게 하는데 어린이들이 여간 좋아하는 것이 아니다. 울긋불긋한 수영복 차림으로 튜브를 가지고 물장구치며 즐겁게 웃고 떠드는 소리를 하늘 높이 날려 보내는 천진한 모습들을 지켜보노라면 나도 마음은 어느새 발가벗고 멱감던 옛날로 돌아가게 된다.

　반별로 수영할 시간이 되면 교실에 옷을 전부 벗어 놓고 팬티만 입고 밖에 나가 수영장 옆에 만들어 놓은 간이 탈의장에서 수영복으로 갈아입는다. 작년까지는 탈의장 가운데를 커튼으로 막아 남녀 탈의장을 구분하였다. 그러나 형식적으로 쳐진 커튼을 휙 젖히고 여자 쪽을 훔쳐보는 남자 녀석들이 해마다 있어 그때마다 여자 아이들은 비명을 지르고 커튼을 잡아당기며 아우성이다.

커튼으로 남녀 탈의장을 구분하는 방법이 성교육 차원에서 바람직한가 그렇지 않은가를 그동안 여러모로 생각하다가 올해부터 과감하게 칸막이 커튼을 제거하기로 했다. 그리고 수영장 옆에서 남녀 어린이가 함께 팬티와 수영복을 갈아입게 하였다.

유아기는 모든 사물에 관심이 많은 시기다. 자기 몸은 물론 다른 성(性)의 신체 구조에 호기심이 많은 시기다. 지나친 호기심으로 인해 발생할 수 있는 부작용을 예방하기 위해서 어린이의 호기심을 자연스럽게 해소시켜 주는 것은 성교육의 기초 단계라는 결론을 내렸다. 성교육 기초 단계로서 남녀 탈의실 공용은 유아기 이전이 적기이고 아동기에는 적절한 방법이 아니라는 결론도 얻었다.

매우 조심스럽게 시도한 유아기 성교육 차원의 탈의실 공용은 매우 성공적이었다. 결과는 너무 자연스러웠고 아무런 문제도 생기지 않았다. 남녀 어린이들은 자연스럽게 수영복으로 갈아입고 특별한 호기심을 보이거나 서로 짓궂게 괴롭히는 일도 없었다. 너무도 당연하고 너무도 자연스럽게 어린이들은 제 할 일을 하고 있었다.

여기까지 이르기 위해서는 전 단계가 있었다. 우리 유치원에서는 두 달에 한 번씩 체격 검사를 하는데, 이때 교실에서 남녀 모두 팬티만 입게 하여 자연스럽게 서로 신체 구조의 외형적 차이를 노출하게 한 것이다.

가정에서도 아동기가 되기 전 유아기에 남녀 어린이들끼리나 가족이 같이 목욕을 하면서 자연스럽게 남녀의 신체적 차이를 알게 하는 것이 성교육 차원에서 좋다고 본다.

30여 년 전 서울에 있는 초등학교에 근무할 때다. 여름에 여자 어린이들의 옷차림, 그것도 고학년 여자 어린이들의 옷차림이 못마땅하여 직원 회의에서 문제를 제기했다가 여선생님들로부터 고루하다는 핀잔을 들은 일이 있다. 여자 어린이들의 어깨와 가슴이 노출된 조끼형 웃옷을 지적했던 것이다.

요즘의 배꼽티는 상상도 못할 시절이다. 나는 결혼하고도 외출할 때 아내의 손을 잡고 걸으면 남보기에 점잖지 못한 행동이라 생각했고, 길에서 남녀가 팔짱을 끼고 가는 것을 보면 민망해서 눈길을 돌리곤 했다.

그 당시만 해도 학교 현장에서 순결 교육이니 성교육이니 하는 것이 그렇게 자연스럽지 않았고 성교육의 내용이나 방법이 깊이 있게 연구되지도 않았다.

그런데 요즘 사회는 유아기에 성교육을 하지 않으면 안 되도록 문제가 날로 심각해지고 있다.

건전한 인격으로 성장하고 성 윤리가 바르게 지켜지기 위해서는 유아기 때부터 성교육이 바르게 이루어져야 한다. 옷차림만 해도 그렇다. 젊은이들이 좋아서 입는 배꼽티나 엉덩이 부분까지 치켜 올라간 초미니 치마바지는 호기심 많은 어린이들에게 불필요한 호기심을 자극하고, 이렇게 자극받은 감정은 유치원 교실에까지 영향을 미친다.

어린이들이 유치원에 처음 입학한 3월만 해도 날씨가 꽤 쌀쌀해서 여자나 남자 모두 긴 바지를 입지만 5~6월이 되어 차츰 더워지면 여자 어린이들은 치마를 많이 입는데, 이때부터 종종 문제가 생긴다.

남자 어린이들이 여자 어린이의 치마를 느닷없이 들추기도 하고, 여자 어린이를 갑자기 끌어안고 순식간에 뽀뽀하고는 좋아라 달아나기도 한다.

얌전한 여자 어린이는 울기도 하고 어떤 어린이는 유치원 안 가겠다고 집에서 떼를 쓰기도 하여 부모들에게 거센 항의를 받는다.

내가 화장실에서 소변을 보면 내 소변기 쪽으로 다가서며 기웃거리는 어린이가 남자뿐만이 아니다. '원장 선생님도 쉬한다'고 신기해하며 드물지만 여자 어린이도 다가온다.

어린이들과 같이 생활하면서 그들을 유심히 살펴보면 여러 모양으로 성교육 문제를 제기하고 있음을 알 수 있다.

유아기의 성교육을 성에 대한 지식을 알려 주거나 성기 교육만으로 생각해서는 안 된다. 건전한 자아와 성에 대해 바른 태도를 갖도록 해야 한다. 성에 대한 올바른 태도를 심어 주어 앞으로 행복한 삶을 살 수 있도록 인간 존중의 전인 교육이 이루어져야 한다.

어린이들의 성적 발달을 크게 생리적 발달, 심리적 발달, 행동 발달, 사회적 발달로 나눌 수 있다면 성교육은 이러한 측면들의 발달을 도모하여 건전한 성 의식과 태도를 갖게 하고, 성 행동을 합리적이고 인격적이며 사회적으로 원만하게 할 수 있도록 해야 한다.

여기서 유치원에서의 성교육 목표를 정리해 보면, 남녀 각 성에 따라 일상생활에 필요한 기본 습관을 기르게 하는 것을 목표로 해야 한다.

- 남녀의 신체 구조 차이를 알게 함으로써 호기심을 합리적으로 해소시킨다.
- 청결한 몸과 의복에 대한 바른 습관을 지니게 함으로써 자신의 몸을 소중하게 여기는 마음가짐을 갖게 한다.
- 규칙적인 생활을 하게 함으로써 자신의 안전을 도모하고, 더 나아가 가정 안에서는 부모·형제·친척 등과 밖에서는 친구·이웃 등과 더불어 협력하여 생활해 나가야 한다는 것을 터득하게 한다.
- 다양한 놀이 경험을 통하여 집단 생활의 중요성을 이해시키고, 그 속에서 특히 남녀가 어떠한 역할과 기능을 수행해야 하는지를 터득하게 한다.

교육부에서 1983년에 내놓은 「성교육 지도 자료」에 제시된 성교육 내용을 소개한다.

(1) 신체 발달 영역

인간이 출생한 이후 성장·발달하는 과정에서 어떻게 변화하는지,

그 중에서도 생식선(生殖腺)의 기능으로 말미암아 인체의 구조와 기능이 어떻게 달라지는지를 이해시킨다.

(2) 심리 발달 영역

인간이 성장·발달하는 과정에서 생리적 변화에 따라 어떠한 심리적 변화가 수반되는지, 그리고 그러한 심리적 변화를 어떻게 슬기롭게 극복하고 적응하는지를 이해시킨다.

(3) 인간 관계 영역

남녀 양성으로 구성되어 있는 인간 사회에서 남녀의 특성과 역할을 이해하고 어떻게 서로가 신뢰와 존경과 협력을 바탕으로 한 인간 관계를 형성하여야 하는지를 지도한다.

(4) 성윤리 영역

한국이라는 특정한 우리의 문화권이 요구하는 행동 방식, 습관, 신념 등을 습득하고 가치 체계를 내면화해서 건전한 사회인으로 성장하게 한다.

(5) 가정 생활 영역

부모·형제·친척과의 원만한 관계, 임신·분만·육아를 비롯하여 가족 계획, 가정 경영 등을 광범하게 이해시킴으로써 한 가정의 주인으로서의 준비를 어렸을 때부터 시킨다.

결론적으로 유아기의 성교육은 특별하게 독립적으로 다루어서는 소기의 성과를 거두기 어려우므로 어린이의 생활과 교육의 모든 영역에 걸쳐 자연스럽게 이루어져야 한다.

기다리지 못하는 아이들

• EQ •

∽

　요즘 공주병·왕자병이 많은 사람들의 입에 오르내리고 있다. 자기 중심적이고 충동적인 사고(思考)가 만연한 세태의 반영일 것이다. 겸손과 섬김으로 자신을 수련하고 '역지사지(易地思之)'로 다른 사람의 감정을 헤아리며 자기 관리를 하던 시절에는 없던 새로운 병이다.

　그런데 성인들의 공주병이나 왕자병은 진담 반 농담 반으로 웃어 넘길 수 있으나 어린이들의 경우는 다르다. 그들의 인성이나 인격 형성과 무관하지 않기 때문이다. 자녀를 제왕처럼 기르는 부모의 과잉 보호가 자녀를 이 병에 걸리게 하는데, 이 병에 걸린 어린이들은 대개 이기적이며 무기력하고 인내심이 부족하며 감정과 충동을 자제하고 관리하는 능력이 부족하다.

이러한 병세는 유치원 간식 시간에도 쉽게 진단할 수 있다. 간식은 대개 우유나 요구르트와 같이 마실 것과 과자나 빵 같은 것으로 각각 한 가지씩 준비하는데 셀프 서비스다.

반 어린이가 자기 몫을 가지고 모두 제자리에 가 앉을 때까지 기다렸다가 다같이 식사 기도 노래를 부른 후 먹도록 되어 있다. 그런데 이 규율이 잘 지켜지지 않는 때가 많다. 간식이 담긴 접시를 들고 제자리로 걸어갈 때 벌써 슬금슬금 집어먹는 어린이, 제자리에 앉기는 했으나 전체 어린이의 배식이 끝날 때까지 참지 못하여 한 가지 또는 두 가지 다 먹어치우는 어린이가 있다.

이런 예를 어른들의 경우에도 쉽게 찾아볼 수 있다. 여럿이 식당에 가서 한정식 같은 식사를 하게 될 때 반찬과 주식이 다 차려진 후 회중이 다같이 식사를 시작하는 것이 서로 간의 에티켓인데 그렇지 못한 사람이 있다.

종업원이 반찬부터 한두 가지 내오기 시작하면 그 몇 분을 참지 못해 다른 사람은 의식하지도 않고 주접스럽게 반찬을 집어먹는 모습은 천박스럽다.

초등학교나 중·고등학교 시절 점심때까지 참지 못하고 오전 수업 쉬는 시간 틈틈이 도시락을 다 먹어치우고 용기 있는 행동처럼 자랑하는 것을 짓궂은 아이들의 장난으로 그냥 넘길 일이 아니다. 인성의 도야와 연관짓는 의미가 부여되어야 한다.

미국의 심리학자 월터 미첼(Walter Michel) 박사가 1960년대 스탠퍼

드 대학교 부설 유치원에서 근무한 적이 있는데, 당시 네 살 된 어린이들이 고등학교 졸업할 때까지 14년간의 변화를 추적 조사한 연구 보고를 소개하면서 EQ(감성지능)에 접근해 보고자 한다.

미첼 박사는 유치원 어린이들에게 다음과 같은 실험을 하였다.

"책상 위에 멜론을 갖다 놓았어요. 선생님이 잠깐 나갔다 올 일이 있는데 먹고 싶은 사람은 하나만 가져다 먹도록 하세요. 하지만 내가 돌아올 때까지 먹지 않고 기다리면 그때는 두 개를 주겠어요."

어린이들의 반응은 크게 세 가지로 나타났다.

선생님이 나가자마자 하나씩 가져다 먹는 충동적인 아이들이 있고, 일부 아이들은 한동안 머뭇거리다가 유혹을 이기지 못해 얼마 후 집어먹었다.

마지막으로 나머지 아이들은 먹고 싶은 충동과 갈등을 이겨 내기 위해 여러 가지로 시간 보내기 작전을 고안해 가면서 길게만 느껴지는 20분을 참고 기다리는 데 마침내 성공하여 약속대로 두 배의 보상을 받았다. 그들은 멜론에서 시선을 피하려고 눈을 가리는가 하면 두 팔로 머리를 감싸안기도 하고, 혼잣말을 중얼거리거나 노래를 불렀으며, 손과 발로 할 수 있는 놀이도 하고, 심지어 잠을 청하기도 하면서 온갖 감정이 수반된 본능적인 충동과 목적 달성을 위한 결심을 20분간 끈기 있게 제어하는 데 성공한 것이다.

유치원 어린이들이 고등학생이 되고 나서 그들을 추적 조사하였을 때 이들 세 집단의 감성적·사회적 능력의 차는 상상 외로 컸다.

유치원 때 인내심을 발휘하며 끝까지 잘 참았던 아이들은 공부도 잘하고 보다 높은 사회성을 몸에 익힌 모범생이 되었다. 자신에 대한 믿음과 확신이 있고 매사에 의욕적이었으며 목표를 세우면 그것을 성취하기까지 다른 모든 충동을 자제하는 능력이 있었다. 어려움에 처하거나 실패하더라도 쉽게 포기하거나 굴복하지 않고 도전해 나가는 극기력과 불퇴전의 용기가 있었으며 인간 관계가 원만하였다.

반면에 선생이 나가자마자 멜론을 집어먹었던 아이들은 대체로 우유부단하거나 완고하고 어려움에 처하면 쉽게 후퇴하거나 좌절하였다. 충동이나 순간적인 만족을 자제하는 능력이 부족하여 자기 만족이 이루어지지 않으면 적대감을 보였다. 시기심과 질투심이 강하여 대인 관계가 원만치 못하고 자극적인 논쟁이나 싸움에 쉽게 말려들었으며 학교 성적도 떨어지는 편이었다.

이상의 조사 연구는 감성지능(EQ)에 초점을 맞추어 실험한 것이다. 삶의 성공을 결정하는 요소로 IQ가 20%이고 다른 요소가 80%를 차지한다는데, 그 다른 요소란 주로 EQ(Emotional Quotient : 감성지수)를 말하는 것이다.

EQ란 IQ에 상대되는 개념으로 EI(Emotional Intelligence : 감성지능)를 수치화한 것이다.

그런데 통상적으로 EI와 EQ를 엄밀히 가려서 쓰지 않고 EQ 하면 '감성지능'을 말한다.

그러면 감성지능이란 무엇인가?

한마디로 감성 계발을 통해 자기 수련과 철저한 자기 관리로 인성을 도야하고 사회성을 높이는 능력이다. 수신제가 치국평천하(修身齊家治國平天下)는 IQ보다 EQ에 초점이 맞추어져 있다.

EQ가 높은 사람은 자신감이 있고 개척자적인 정신과 인간 관계를 성공적으로 유지해 나간다.

그러나 감성지능에 결함이 있으면 안정된 자아 개념과 자기 긍지를 형성하지 못하고 문제 상황을 극복해 나갈 충분한 전략을 구사하지 못하여 쉽게 좌절하고 만다.

불안·분노를 통제하지 못하여 우울증, 폭력, 무절제한 약물 남용 등 병적인 습관으로 발전할 수도 있고 문제를 회피하려는 경향이 있다.

감성지능의 창시자는 예일 대학교의 피터 샐로베이 교수로, 감성지능의 본질을 요약해서 정리하면 다음과 같다.

(1) 자신의 감정을 인식하는 능력(자아 인식)

자신의 감정을 확실하게 알고 있는 사람이라야 의사결정을 바르게 할 수 있다. 결혼, 직업 선택 등 자신의 허다한 인생 문제를 실패 없이 주도적으로 영위해 나갈 수 있다.

"너 자신을 알라"는 소크라테스의 말은 현재 일어나고 있는 자기 자신의 감정 상태를 인식하라는 뜻이다.

(2) 자신의 감정을 조절하고 통제하는 능력(감정 관리)

이성(理性)과 지성(知性)을 가지고 자신의 감정을 잘 다루어 적절하게 발휘할 수 있는 능력이다. 자기 감정에 대해 어떤 반응을 보일 것인가, 얼마나 교양 있게 감정을 다룰 수 있는가이다.

(3) 자신에게 동기를 부여하는 능력(잠재 능력의 계발)

책임감과 자기 극복의 능력이며 집중력과 창의성의 계발로 자신감을 갖고 패배를 씻어 버릴 수 있는 능력이다.

목표를 달성하기 위해 감성을 건설적으로 활용하고 감정을 잘 정리해 나간다.

(4) 타인의 감정을 인식하는 능력(감정이입)

다른 사람의 내면 깊숙한 감정을 읽고 의견을 적극적으로 경청하면서 역지사지로 다른 사람의 입장이 되어서 생각하는 능력이다.

상대방의 감정을 이해하고 포용할 수 있는 생활 경험과 사회 경험이 풍부하고 슬픔과 기쁨, 고통과 즐거움을 함께 나눈다.

미국 자동차 산업의 창시자 헨리 포드는 자신의 성공 비결이 다른 사람의 입장을 이해하고 사물을 다른 사람의 시각으로 바라보는 데 있다고 밝힌 바 있다.

(5) 인간 관계를 관리하는 능력(사회성)

다른 사람의 감정을 관리하고 인기와 리더십을 발휘하여 인간 관계를 원활히 하는 사회적 관계를 형성하는 능력이다.

EQ가 높은 사람의 특성을 정리해 본다.

- 적극적이고 긍정적인 사고를 갖고 자신의 감정을 적절하게 표현한다.
- 외향적이고 쾌활하며 낙천적이어서 조바심이나 두려움이 없고 불안한 생각에 이끌리지 않는다.
- 사회적으로 안정감을 갖고 모험심과 개척자적 정신이 강하다.
- 인간 관계에서 호의적이고 봉사적이며 남을 위한 대의명분에 헌신적이고 책임감·윤리감 등에 수용성을 보인다.

감성지능은 유아기에 기본 요소가 거의 형성되고 취학 이후에는 유아기의 바탕 위에 덧붙여지는 것일 뿐이라고 한다.

한편 IQ는 쉽게 바뀔 수 없는 그 사람의 한계를 나타낸다는 설도 있으나 충동 억제, 상황 판단과 같은 감성 능력인 EQ는 계속 학습이 가능하다고 본다.

취학 전 몇 년 동안 형성된 EQ 능력이 이후 학교 생활과 성공적인 인생에 큰 영향을 끼치는데, 오늘 많은 가정에서 유아기 감성 교육에 역행하는 모습을 보면 안타깝기 짝이 없다.

과잉보호로 어린이들이 자기를 제어하는 능력을 계발하지 못하고 있다. 자녀가 해야 할 일이나 어려움을 부모가 대신해 주어 실패와 실망에 대처할 기회가 별로 없고 문제를 극복함으로써 자기 긍지를 강화시킬 기회가 많지 않다.

특기나 지식 위주의 조기 교육에 쉴 틈 없이 쫓기며 생활하느라 어린이들은 정서가 메마르고 인간미 넘치는 가정의 따스함과 사랑이 결핍되어 있다. 또한 또래끼리 폭넓고 다양하게 상호 작용하며 인간 관계를 형성해 갈 기회가 부족하다.

도시화·산업화·물질만능은 자연에서 어린이를 멀어지게 만들고, 자연에서 멀어진 어린이들은 호연지기를 잃고 말았다.

성경은 감성지능의 결함으로 야기될 인간의 문제를 다음과 같이 경고하고 있다.

마지막 때에 어려운 시기가 닥쳐오리라는 것을 알아 두시오. 그 때에 사람들은 이기주의에 흐르고 돈을 사랑하고 뽐내고 교만해지고 악담하고 부모에게 순종치 않고 감사할 줄 모르고 경건하지 않고 무정하고 무자비하고 남을 비방하고 무절제하고 난폭하고 선을 좋아하지 않고 배신하고 앞뒤를 가리지 않고 자만으로 부풀어 있고 하나님보다 쾌락을 더 사랑할 것이며 겉으로는 종교 생활을 하는 듯이 보이겠지만 종교의 힘을 부인할 것입니다. 이런 자들을 멀리하시오.

―디모데 후서 3장 1~5절

가방의 멜빵 끈을 없애고

• 소근육 활동 •

〜〜

유치원에서 하루 생활을 마친 어린이들이 스쿨버스로 집 근처 내릴 정류장에 도착하면 시간 맞추어 마중 나오는 어머니들이 있다. 버스에서 내리는 어린이를 반갑게 맞는 모습은 참으로 아름다운 정경이다. 날마다 반복되는 일인데도 오랫동안 헤어졌다 상봉하는 것같이 반가워 어쩔 줄 모르는 모습들이다.

어린이가 유치원에서 돌아올 시각에도 어머니가 계시지 않아 목에 걸고 있는 열쇠로 현관 문을 열고 공허한 집 안으로 들어서는 '키보이(Key Boy)' 어린이를 생각하면 얼마나 행복한 어린이들인지 모른다. 그러나 이 행복한 어린이와 어머니에게서 나는 문제를 발견한다.

마중 나온 어머니들은 대개 어린이가 차에서 내리면 어린이의 가방부터 받아든다.

우리 유치원은 1983년에 개원하였는데, 그동안 11년을 두고 생각하다가 단안을 내린 것이 있다. 다름아닌 유치원 가방의 어깨에 메는 멜빵을 없앤 것이다. 유치원 가방은 대개 한쪽 어깨에 걸치거나 등에 걸머질 수 있도록 멜빵 끈이 달려 있는데, 이 멜빵이 있을 때와 손으로 쥐는 손잡이만 있을 때 어린이의 신체나 두뇌 발달에 미치는 영향이 다를 것이다.

중·고등학생처럼 가방 안에 든 내용물이 워낙 많고 무거울 때는 어쩔 수 없이 어깨에 메는 것이 편리할지 모르지만, 유치원 가방은 메는 것보다 손으로 쥐고 다니는 것이 조사 연구된 정확한 자료는 없지만 교육적이라고 생각했다. 대뇌 활동과 관련 있는 손끝의 소근육 운동을 할 수 있기 때문이다.

부모교실이나 가정통신을 통하여 어린이들이 가방을 자기 손으로 들고 다니도록, 그것도 양손을 번갈아 가며 들도록 주지시켰는데도 자녀를 대하는 어머니의 습관이 쉽게 바뀌지 않는 모양이다. 가방 하나만의 문제가 아니고 어머니와 자녀 간의 다른 모든 생활에서도 조금이라도 자녀의 힘든 일을 덜어 주고 도와주는 것이 어머니의 사랑이라 생각하고, 또 그렇게 해줌으로써 어머니 스스로 기쁨을 누리는 생활 습관이 체질화되어 쉽게 변화되지 않는 모양이다. 우리 유치원 부근에 있는 초등학교 정문 앞을 지날 때도 등하교 시간에 어머니가 가방을 들어다 주는 모습을 자주 볼 수 있다.

교실에서는 선생님이 기회 있을 때마다 어린이들에게 가방을 왼손 오른손에 번갈아 가며 들고 다니라고 강조하는데 잘 실천되는 것 같지 않다.

부모님들에게 어린이들이 손발과 온몸을 많이 움직이고 자기 일은 자기가 하도록 하는 것이 원만한 인격을 형성하고 공부 잘하는 아이가 되게 하는 방법이라고 역설하는데도 많은 부모님들이 어린이의 사고 영역과 행동 영역을 침범하고 있다. 자신의 사고와 행동 영역을 침해받으며 자란 어린이는 육체적 기능과 의지가 발달하지 못하고 무엇을 하고자 하는 계획과 의욕이 부족해져 '마마보이'가 될 수밖에 없다.

일상생활에서 아무 생각 없이 어린이를 무기력하게 만들어 가는 사례는 수없이 많다.

- 옷을 입혀 주고 양말을 신겨 준다.
- 귤 같은 과일 껍질을 벗겨 준다.
- 아이스크림이나 과자의 포장도 일일이 뜯어 준다.
- 물을 찾으면 즉시 떠다 준다.
- 잠자리도 이불을 깔아 주고 개어 준다.

아주 사소한 일 같지만 그런 것들이 쌓이고 쌓여 가면서 하나의 인간형을 만들어 간다.

어린이의 손발을 묶어 놓고 움직이지 않게 해주는 것이 자녀 사랑인 줄 착각에 빠져 있는 부모들이 얼마나 많은가. 그렇게 자란 아이들은 고등학생이 되어도 사과 하나 깎지 못하고 여학생은 설거지도 못한다. 식사 때 젓가락을 제대로 사용하는 고등학생이 몇 %나 될지 궁금하다.

필기 용구 샤프도 문제다. 어려서부터 연필을 자기 손으로 깎아 가면서 한 시간 공부한 학생과 곁에서 어머니가 연필을 깎아 주거나 누르면 심이 나오는 샤프로 두 시간 공부한 학생을 가정해 보자. 누가 더 머리가 좋아지고 커서 누가 더 능력 있는 인물이 될 것 같은가.

진정한 부모의 사랑은 자녀가 할 일을 대신 해주는 것이 아니라 어린이가 손발을 많이 움직이도록 배려하는 것이다.

모든 부모가 머리 좋은 아이로 키우길 간절히 소망하면서 그 방법은 잘못되어 있다. 근육 활동, 즉 손과 발, 온몸을 많이 움직여 운동신경을 발달시켜야 지능 발달이 촉진된다는 것을 간과하고 있다.

우리 몸의 모든 근육은 신경으로 대뇌와 연결되어 근육 활동을 활발히 하면 대뇌 발달이 촉진되고, 대뇌 발달은 곧 지능 발달을 촉진시킨다.

근육 활동은 소근육 활동과 대근육 활동으로 나누어지는데, 주로 손끝의 활동에 해당하는 소근육 활동이 특히 대뇌 활동을 촉진시키므로 유아기에 소근육 활동을 많이 시키면 지능 발달에 대단히 좋다.

- 가위질
- 종이접기
- 과일깎기
- 연필깎기
- 실뜨기놀이
- 공기놀이
- 구슬치기
- 점토놀이
- 팽이치기

- 딱지치기 ・ 모래놀이 ・ 고누뚜기
- 장기 · 바둑 ・ 땅따먹기놀이 ・ 가위바위보
- 손그림자놀이 ・ 물체 조작 ・ 그리기
- 물건집기

이러한 것들은 모두 소근육 활동으로 이루어진다.

유치원에 오고 가며 가방을 왼손 오른손으로 번갈아 쥐고 다니게 한 것은 이러한 소근육 활동을 발달시키기 위한 차원에서 결정한 것이다.

몸 전체를 움직이는 걷기, 뛰기, 던지기, 매달리기, 기어오르기, 줄넘기 등 대근육 활동도 두뇌 발달을 촉진시킨다.

사람의 대뇌는 크기나 모양이 비슷한 오른쪽 뇌와 왼쪽 뇌로 되어 있는데 그 역할이 같지 않다.

○ 왼쪽 뇌
- 언어적이고 수리적인 정보 처리
- 논리적 · 분석적 · 수렴적 사고 활동
- 읽기 · 쓰기 · 셈하기 등
○ 오른쪽 뇌
- 비언어적이고 시 · 공간적인 언어 처리
- 직관적 · 확산적 · 감각적 사고 활동

• 시각·청각·미각·후각·촉각을 통한 이미지와 사고력

그런데 현재 학생들의 각종 학습 형태나 내용, 활동은 대부분 왼쪽 뇌 기능과 관련된 것이 대부분이어서 한쪽 뇌(좌뇌)만 많이 발달하는 불균형을 보인다. 따라서 어릴 때일수록 오른쪽 뇌를 발달시키기 위한 노력이 절대적으로 필요하다.

우리 신체의 움직임은 반대편 뇌에서 관장한다. 오른쪽 손발을 움직인다든가 오른쪽 귀로 듣는 것 등은 모두 왼쪽 뇌의 활동이고, 반대로 왼쪽 신체 부위의 움직임은 오른쪽 뇌의 명령을 받는다. 그래서 왼쪽 손·발·귀·눈을 사용하면 오른쪽 뇌를 자극하고 활성화시키기 때문에 오른쪽 뇌를 발달시킬 수 있다.

그러므로 평소 생활할 때 오른손과 왼손을 모두 사용하게 하는 것은 대뇌의 균형적인 발달, 특히 오른쪽 뇌 개발에 아주 좋다.

절 어떻게 기억하세요?

• 사제지간 •

원장 선생님께

선생님! 안녕하세요? 저 소라예요. 소풍 갔을 때 선생님이 저를 알아보셔서 정말 기뻤습니다.

친구들이 "넌 얼마나 개구쟁이였길래 원장 선생님이 알아보시냐"라고 놀리기도 했어요.

선생님 건강하시지요? 저는 물론 건강합니다. 제가 유치원을 졸업한 지 벌써 8년이 지났습니다. 그런데 원장 선생님! 어떻게 제 얼굴을 기억하세요? 참 신기해요. 저녁때 집에 와서 가족한테 얘기하니까 동생이 참 부러워했어요.

선생님! 언제까지나 저희 잊지 마시고 건강하세요. 선생님 은혜 감사합니다. 다음에 또 편지 보내 드릴게요.

너무 짧게 썼다고 실망하지 마세요.

그럼 안녕히 계세요.

제자 소라 올림

5월 6일, 중도로 봄 소풍을 갔다가 같은 곳으로 소풍을 온 중학생이 된 졸업생 이소라를 만났다. 오전 프로그램을 끝내고 점심을 먹는 시간인데 여중생 세 명이 우리 어린이들이 있는 곳으로 찾아왔다. 산돌유치원 현수막을 보고 반가워 찾아왔다는 것이다.

"원장 선생님 안녕하세요?"

한 학생이 인사를 하는데, 옛 졸업생 소라인 것을 알 수 있었다.

나는 반가워서

"아, 이소라!"

하고 부르면서 손을 잡아 주었다. 그랬더니

"선생님, 어떻게 저를 기억하세요?"

하고 소라는 조금은 놀라는 기색이면서 너무 밝게 웃고 기뻐한다.

같이 온 여중생 친구들도

"야, 소라 인물이네."

하며 저희들끼리 깔깔댄다.

소라가 유치원 다니던 겨울 방학 때 내게 편지를 보내온 일이 있었다. 그때 나는 '세상에서 가장 행복하게 크는 아이'라는 요지의 답장을 써 보낸 기억이 지금도 생생하다. 구김살 없이 밝게 생활하는 소라의 성격이 그렇고, 소라 가정에서 느껴지는 가풍과 소라 부모님의 인품이 자녀들에게 너무나 좋은 인적 교육 환경이라고 느꼈기 때문이다. 소라와 소라 가정에 대한 그때 그 인상은 지금까지 내 머리 속에 깊이 각인되어 있다. 소라와의 그러한 만남이 있었기에 유치원생과 중학생이라는 엄청난 외모 변화에도 불구하고 금방 알아볼 수 있었던 것이다.

1984년 2월에 첫 졸업생을 배출한 이래 1994년 제11회까지 우리 유치원을 졸업한 어린이는 연인원이 1360여 명에 이른다.

이 많은 졸업생 가운데 이름과 모습이 기억에 생생한 제자도 있고, 이름은 생각나는데 얼굴이 기억나지 않거나 얼굴은 알아보겠는데 이름이 생각나지 않는 제자들도 있지만, 이름도 얼굴도 전연 기억에 없는 제자도 많다. 시내를 다니노라면 초등학생이나 중학생, 고등학생이 달려와 인사하는 경우를 자주 대하는데 그럴 때 이름을 불러 주고 손을 잡으며 반갑게 답례를 건네면 여간 기뻐하는 것이 아니다. 그런데 그렇지 못하여 이름을 부르지 못하고 그저 어물어물 겉치레로 답례하게 될 때는 무슨 큰 죄를 지는 것 마냥 곤혹스럽고 미안하기 짝이 없다.

어린 시절의 아름다운 추억을 떠올리며 반갑게 달려와 인사를 했는데 자신을 잘 기억하지 못하는 선생에게 서운해할 것을 생각하면 정말 미안하다. 이후로 그의 유치원에 대한 아름다운 추억을 희미하게 희석시키는 것이나 아닌가 하여 불안해지기까지 한다.

졸업생이 1300여 명이면 같은 수만큼의 어머니도 산돌 교육을 거쳐 갔기 때문에 시내에서는 어디를 가나 어머니들의 인사를 종종 받

게 된다. 그럴 때

"○○ 어머니 안녕하세요? ○○ 잘 있나요? 벌써 중 3이 되었겠네요?"

하고 이름을 부르며 답례를 하게 되면 서로 너무 반갑고 기쁜데, 그렇지 못하면 매우 미안하고 당황스럽다. 그런 날은 하루 종일 마음이 편치 못하다. 왜 그렇게 기억력이 자꾸 떨어지는지 안타깝기만 하다.

30년도 훨씬 넘은 초등학교 초임 교사 시절에는 새로 학급을 맡게 되면 60명도 넘는 학급 어린이들의 이름을 교실이건 운동장에서건 필요에 따라 번호 순서대로 이름을 줄줄 외워서 불러 내려가면 아이들도 좋아하고 담임인 나도 흐뭇했었다. 그리고 그들이 졸업한 후에도 계속 기억할 수 있었는데 이제는 다르다. 10년, 20년 세월이 뒤로 갈수록 제자들의 이름이 하나 둘 잊혀져 간다. 안타깝다.

38년 동안 교직에 몸담아 오면서 초등학교에서 가르쳤던 제자가 1500여 명, 유치원 원장으로 졸업시킨 제자가 1360여 명, 모두 2900명 가량인데 제자들의 이름을 다 기억하지 못하는 것이 못내 아쉽다. 선생이 사랑하는 제자의 이름을, 제자가 존경하는 스승의 이름을 오래오래 기억하는 것은 사제간의 정을 오래도록 지속시키는 연결고리가 되는데 그 연결고리가 끊어지는 것이 여간 안타깝지 않다.

모든 단계의 교육이 그렇겠지만 특히 유치원 교사라는 인적 교육 환경은 그것이 어린이에게 미치는 영향이 거의 절대적이라고 보아도 틀림없다. 하나의 인격 형성의 기초가 놓여지는 시기이기 때문이다.

글을 가르치는 경사(經師)는 많으나 사람을 가르치는 인사(人師)는 적다는 오늘의 교육 풍토 속에서 존경하는 스승으로 이름을 오래오래 기억해 주는 제자가 있다는 것은 교사로서 더할 나위 없는 보람과 행복일 것이다.

이순(耳順)을 바라보는 지금, 나는 지난 교직 40년을 돌이켜 보는 횟수가 잦아졌다.

나는 과연 인사(人師)였나? 경사(經師)였나? 인간애와 교육애에 바탕한 인사로서의 감화력을 그들에게 얼마나 미쳤는가? 교사로서 부끄럽지 않은 자화상을 그려 왔는가? 제자들의 기억에 오래 남아 있는 교사인가? 나와 그들 간에 인간적 교제나 인격적 작용은 별로 없었는데 자신을 오래 기억해 주기만을 바라는 것은 아닌가? 그들의 인격 형성과 학문적 기초를 놓아 주는 데 아무런 영향도 주지 못했으면서 내 공이 컸다고 자만에 빠져 있는 것은 아닌가?

몇 년 전, 교사 한 분을 권고 사직시킨 일이 있다.

원장인 나 자신도 자질 면에서 많은 문제가 있을 것인데 교사를 자질 문제로 권고 사직시키는 일은 여간 고민스러운 일이 아니었다.

학년 중간에는 여러 가지 여건상 사직시킬 수 없고 한 학년을 마친 후 사직하도록 했는데, 그러기까지 참으로 많은 고뇌와 또 용기가 필요했다. 교사로서의 자질 면에서 여러 가지 문제가 있었지만 교사와 어린이 간에 인격적인 인간 관계가 계속 유지될 수 없다고 판단되어 사직시킬 수밖에 없었던 것이다. 유아기에 인격의 70%가 형성되고 교사의 인격과 성품에서 비롯된 영향이 교육 전반에 걸쳐 90%나 차지할 뿐만 아니라 평생 동안 삶에 영향을 끼친다고 하지 않는가!

어느 날 밤 학부모에게서 전화가 걸려 왔다. 대개 불만이나 항의성 전화는 자녀의 이름을 밝히지 않는 경우가 많은데, 영희 어머니라고 밝히고 통화 도중 끝내 울먹이기까지 했던 어머니의 전화 내용은 이러했다.

영희가 유치원에 갔다 오기만 하면 괜히 심통을 부리며 담임 선생님이 나쁘다고 불평하고 아침이면 유치원에 가지 않겠다고 떼를 쓰는 일이 자주 있었는데, 오늘 저녁에는 정색을 하면서 우리 선생님 나쁜 선생이니까 경찰이 잡아가게 해야 한다고 말하더라는 것이다. 그동안 담임 선생님의 결점과 불평을 늘어놓을 때마다 선생님에 대해 긍정적인 시각으로 생각하도록 설득하느라 애를 썼는데 순진해야 할 어린것이 선생님을 고발(?)하기에까지 이르니 선생님보다 자식 문제가 너무 걱정스럽다는 것이다.

자기 반 선생님이 최고로 예쁘다고 동네방네 자랑하며 다니는 영희 친구를 볼 때마다 영희도 그렇게 되기를 희망했는데 어쩌면 좋으냐고 울먹였다. 물론 어린이의 말을 그대로 전부 수용할 수는 없으나 막연하게나마 담임 교사에게 문제가 있다는 개연성을 가지고 있었는데 사태가 이 지경에 이르렀으니 어떻게 하면 좋겠느냐고 자탄한다.

교과 학습 활동과 지도 능력이 좀 부족한 것은 얼마든지 감수할 수 있겠는데 순수해야 할 아이의 정서에 그늘이 져 가고 있는 것은 너무 큰 걱정이 아닐 수 없다는 것이다.

영희 어머니의 전화 말고도 영희네 반 학부모의 항의성 전화가 더 있었다.

"우리 선생 댓빵 나빠."

"우리 선생님 날마다 신경질만 부려."

"우리 선생님 웃지도 않는 귀신이야."

어린이들이 여과 없이 자기들 부모에게 털어놓은 불평들이란다.

교사와 어린이의 인간 관계가 이 지경에 이르면 원인이야 어디에 있건 교육은 이미 실패한 것이 아닌가! 그것이 더욱 유아 교육에서랴!

원장이 특정 학부모 한두 분의 전화에 경거망동해서는 안 된다. 그러나 이번에 사직시킬 수밖에 없었던 교사는 자질 면에서 많은 문제가 있었던 것이 사실이다. 학년을 마치는 2월을 기다리기까지 하루하루가 살얼음판을 걷는 것 같고 일각이 여삼추였다.

유치원 설립 이래 13년간 유치원 경영 방침이나 교사의 자질 때문에 학부모로부터 불만이나 항의를 받은 일은 거의 없었다. 한두 건 있었을까?

각종 유사 유아 교육기관의 난립으로 입학기가 되면 각 유치원이 원아를 확보하기 위해 고심을 많이 하는데 우리 유치원은 학부모님들의 유치원에 대한 긍정적인 반응과 학부모님의 입에서 입으로 전파되는 광고 효과로 원아 모집에 조금도 어려움이 없고 오히려 입학 못한 부모님들의 성화를 견디느라 곤욕을 치르곤 한다.

그런데 이번에 문제된 한 교사로 인하여 어린이와 부모의 마음에 상처가 남았고 산돌유치원 교육의 전통과 위상이 실추되었다고 생각하니 가슴이 여간 쓰린게 아니다.

현관 앞에 두고 간 선물

• 사제지간 •

∾

어린이들의 스쿨버스 귀가 지도를 마치고 와서 유치원 현관을 들어서려는데 문 밖에 검은 비닐봉지가 있었다. 누가 쓰레기를 여기다 버렸나 속으로 못마땅하게 생각하며 집어 들었더니 쓰레기가 아니었다.

비닐봉지 겉에 작고 길쭉한 종이 쪽지 두 개가 서툴게 붙어 있는데 하나에는 '산돌유치원 원장 선생님께'라고 씌어 있었고, 다른 하나에는 '강주희'라고 써 있었다.

강주희, 2년 전에 졸업한 어린이다. 작년 스승의 날에 서툰 글씨로 편지를 보내 왔던 제자다. 내용물을 꺼내 보았더니 정가 500원이 찍힌 조그마한 벽걸이 메모지였다.

졸업한 유치원에 오고 싶은 주희가 선물을 사가지고 와서 현관 유리문을 통해 교실 안을 살피다가 목표했던 원장 선생님이 보이지 않으니까 '나중에 들어오실 때 보게 되겠지' 하고 놔두고 간 모양이다.

현관 문 앞으로는 다른 아이들도, 유치원과 상관없는 사람들도 많이 지나다니는데 혹시라도 다른 사람이 가져갈 수도 있을 것이라는 생각은 조금도 하지 않고 현관 문 앞에 놓고는 원장 선생님께 드렸다고 생각하고 기쁜 마음으로 돌아갔으리라. 다른 사람이 집어 갈 수도 있다는 것은 어른들의 생각이다.

내게는 별로 소용이 없는 메모지이지만 어린 제자의 그 순수하고 고운 정성과 사랑이 담긴 선물에 나는 하루의 피로를 잊고 행복할 수 있었다.

주희 집에서 유치원까지는 아이들이 걷기는 꽤 먼 거리인데 유치원 시절의 추억과 선생님을 생각하며 저금해 두었던 용돈으로 선물을 사가지고 왔다가 만나지도 못하고 현관 문 앞에 마음을 남겨 두고 간 것이다. 주희의 그 마음에 가슴이 찡해 온다.

그러나 다른 한편으로는 마음이 찔렸다. 얼마 전에 주희의 편지를 받는데 답장을 쓴다고 벼르다가 며칠이 지난 것이다. 오늘은 꼭 답장을 쓰려던 참이었는데 주희는 답장을 기다리다 못해 유치원을 찾아와 선물을 살짝 놓고 간 것인지도 모른다.

주희에게 미안하고 부끄럽기 짝이 없다

산돌유치원 원장 선생님께(최낭규)

안녕하세요?

올해도 원장 선생님께 편지를 보냅니다. 지난해에 제가 편지를 보냈을 때 답장을 써 주셔서 감사합니다.

저는 이제 2학년이 되었답니다.

저는 6살 때 이 유치원을 다녔는데 제가 벌써 2학년이라니 세월도 빨리 가지요. 편지를 보낼 때마다 옛날 생각이 난답니다. 그런데 원장 선생님 건강은 어떻습니까?

그리고 답장 써 주세요(아래 주소 있습니다).

후평 3동 3단지 323동 000호

전화 55―××××번

10월 28일
강주희 올림

주희의 편지 그대로다.

1957년 4월에 교사로서 첫 발령을 받고 교직에 몸담은 지 40여 년이 가까워 온다. 그동안 지방 초등학교에서, 서울 사립초등학교에서, 그리고 지금의 이 유치원까지 많은 제자들과 만났다. 제자들이 옛 선생을 잊지 않고 기억해 줄 때가 인생의 후반을 살아가는 내게 가장 행복한 순간이다.

열심히 살아가는 제자들의 소식을 접하는 것은 부모가 자식의 소식을 듣는 거나 다를 바 없다. 가끔씩 받게 되는 결혼 청첩장이나 연하장도 나를 기쁘게 한다. 주위에 사회적으로 덕망 높고 저명한 인사가 얼마든지 있을 터인데도 굳이 옛 초등학교 선생을 찾아와 결혼식 주례를 맡아 주기를 간청할 때 겉으로는 몇 번 사양하지만 내심 행복한 마음으로 수락하게 된다.

세상에 오염되지 않은 주희의 선물을 받으니 몇 년 전에 받은 또 다른 제자들의 감동적인 선물이 생각난다.

늦은 가을 어느 토요일, 유치원에 수업이 없어 출타한 사이에 30여 년 전 고향 마을 초등학교에서 1학년 때 담임했던 제자 네 명이 다녀갔다.

'선생님을 뵈러 왔다가 못 뵙고 갑니다.'

간단한 메모와 함께 선물 꾸러미를 여러 개 놔두고 갔다. 새로 추수한 햅쌀 자루, 잘 익은 감과 고구마 상자, 오징어와 미역 꾸러미들이다. 한 사람이 한두 가지씩 자기들이 수확하고 채취한 특산물을 준비한 것 같았다.

아무리 교통이 좋다고 해도 영동에서 영서인 춘천을 하루 일정으로, 그것도 고양이 손까지 빌린다는 그 바쁜 가을 농번기에 틈을 내기란 그리 쉬운 일이 아니었을 것이다. 그들이 손수 가꾸었기에 그들의 체온이 배어 있을 선물 꾸러미에서 제자들의 아름다운 마음을 읽으며 한순간 지난날의 젊은 교사 시절로 되돌아갈 수 있었다.

그 시절 어느 해 6학년을 담임했을 때도 쌀자루 선물을 받은 일이 있었다.

중학교 입학 시험도 끝나고 졸업할 날만 남겨 두고 있던 학년말이었다. 어느 날 퇴근하여 집에 와 보니 문숙이 어머니가 서너 말은 됨직한 찹쌀 자루를 선물로 가져다 두고 가셨다. 모두 가난하던 그 시절에 찹쌀은 특히 귀하게 여겼다. 문숙이가 경쟁률이 높은 읍내 중학교 입학시험에 2등으로 합격한 것에 대한 고마움의 뜻으로 보내온 것이다.

'제자가 좋은 성적으로 중학교에 합격했다고 담임 교사가 대가를 받는다는 것이 가당키나 한 일인가.'

'더구나 문숙이는 아버지도 계시지 않는 형편인데…….'

젊은 교사의 단순하고 주관적인 생각으로 나는 쌀자루를 즉시 되돌려 보냈다.

그러나 되돌려 보낸 그 쌀자루는 많은 세월이 흐른 지금도 내 마음에 앙금으로 남아 있다. 보낸 이의 순수한 정은 고려하지도 않은 철부지 젊은 교사의 오만이나 독선으로 비쳐졌을 것 같아서이다. 그러나 오늘날 일부 교사들의 돈봉투 문제로 교사의 위상이 땅에 떨어진 것을 생각할 때 쌀자루 사건은 내게 젊은 날의 행복한 추억으로 남는다.

지금은 고인이 된 정주영 현대건설 명예회장은 매년 가을이면 아산만 간척지 농장에서 수확한 햅쌀 몇 말씩을 옛 초등학교 은사에게 보내 드렸다고 한다. 그분의 기업 경영이나 사회적 활동에 대해서는 알지도 못하고 관심 가질 필요도 느끼지 못했지만 그분이 스승을 섬기는 모습에는 깊은 관심과 감명을 받았다. 그분이 스승을 섬겼던 이야기를 많이 알고 있지만 그중 하나만 더 쓰고 싶다.

제3공화국 시절 그분이 미국 모 대학교에서 명예박사 학위를 받고 축하 리셉션을 열었을 때다. 정부의 고위직 인사와 재계를 대표하는 기라성 같은 인사들이 많이 참석한 그 자리에서 시골(양양)에 계시는

옛 초등학교 은사를 초청해 상석에 모시고 인사말을 통해

"저는 오늘 이 감격어린 자리에서 저에게는 참으로 귀한 분을 소개
드리고자 합니다……"

하고 소개했던 일이 있다.

정주영 회장과 스승인 김준렬(金駿烈) 선생님과의 나이차는 8년밖
에 되지 않았다. 스승을 그토록 극진히 섬길 수 있었던 정 회장의 생
활 철학이 오늘의 '현대'를 이룬 원동력이 되었을 것이다.

이름도 없이 빛도 없이 걸어가는 교사의 길이지만 교사의 보람과
즐거움의 가치를 맹자는 천하삼락(天下三樂)의 하나라고 말했던가.

차창으로 꺼내 간 어린이

· 교육의 본질 ·

∽∾

유치원에서 어린이 관리는 빈틈없는 계획과 세심한 주의가 있어야 한다. 어린이가 등원해서 일과를 마치고 귀가하기까지 유치원의 모든 직원, 즉 교사는 물론이고 일반직이나 버스 운전기사까지 잠시도 방심해서는 안 된다.

어린이는 단순하고 지각 능력이 미숙한 데다 눈과 손의 협응력도 부족하여 언제 어디서 어떤 일이 생길지 모른다. 생각지도 않은 곳에서 의외의 안전사고가 발생할 수 있기 때문이다.

예측하지 못한 돌발 사고로 곤욕을 치르는 유치원의 문제가 언론에 보도될 때마다 남의 일 같지 않다.

스쿨버스 운행도 여간 신경을 쓰지 않으면 안 된다. 버스에서 내린 어린이의 옷자락이 문에 끼인 것을 모르고 그냥 출발하는 바람에 끌려가던 어린이가 사망했다는 보도는 생각만 해도 끔찍하다.

어린이를 집 앞에서 내려주려고 보니 당연히 차 안에 있어야 할 어린이가 없다든가, 벌써 내렸어야 할 어린이가 그냥 차 안에 태연히 앉아 있는 경우 등 잠시만 방심해도 깜짝 깜짝 놀라고 당혹감을 느끼게 하는 사건이 일어난다.

지난 학년초의 일이다.

수업이 끝난 후 스쿨버스로 귀가할 어린이들을 승차 순서표에 따라 한 사람 한 사람 호명하여 차에 태웠다.

승차 순서는 맨 나중에 내릴 어린이를 먼저 불러 버스 뒷좌석에 앉게 하고 집이 유치원에서 가까워 먼저 내릴 어린이는 나중에 호명하여 버스 앞 출입문 쪽에 앉게 하는 것으로, 호명된 어린이가 버스 문에 올라설 때는 꼭 승차 순서표에 체크해야 실수가 없다. 버스가 출발하기 전까지 승차 순서표에 체크되지 않은 어린이는 그 사유가 밝혀져야 버스가 출발한다.

어린이들을 다 태우고 차를 출발시키려는데

"원장 선생님, 어떤 아저씨가 상훈이를 데려갔어요."

하며 몇몇 어린이가 입을 모아 소란을 떤다.

상훈이는 마지막에 내리기 때문에 처음에 이름을 불러 분명히 뒷좌석에 앉게 하였고 승차 순서표에도 확실히 체크되어 있다. 상훈이가 나갔다면 차 앞쪽에 하나밖에 없는 문 앞에서 이름을 부르며 일일이 확인하는 내 앞을 거쳐 나가야 하는데 승차 후에 다시 내린 어린이는 한 명도 없었다.

대개 어린이들은 시간 관념이 부족해서 그전에 있었던 일을 현재로 얘기하는 경우도 있고 그렇게 되기를 바라는 자기 생각이나 남에게 들었거나 상상한 일을 현실로 착각하고 말하는 특징도 있어 "상훈이를 데려갔다"는 어린이들의 말을 무시하고 차를 출발시킬까 하다가 그래도 미심쩍어서 차 뒤쪽에 앉았을 상훈이를 확인해 보려고

"상훈아, 상훈아 어디 있니?"

하고 불러 보았다. 그러나

"상훈이 아까 전에 어떤 아저씨가 데려갔어요."

하는 아이들의 종알거림뿐 상훈이는 정말로 없다.

순간적으로 이거 '귀신이 곡할 노릇이네' 하는 생각이 들면서 당황해하는 내 모습을 눈치챈 아이들이 내가 묻기도 전에

"이 창문으로 상훈이를 끌어내 갔어요."

하고 뒤쪽 창문을 가리킨다. 참으로 황당한 일이 아닐 수 없다.

상황을 판단해 보건대 유괴일 것 같지는 않고 가족이나 가족의 부탁을 받은 친척일 것으로 생각하고 담임 교사를 불러서 의논했더니, 상훈이가 며칠 전에 유치원 끝나면 학원에 간다는 얘기를 한 적이 있는데 틀림없이 학원에서 데려갔을 거란다.

담임 교사가 상훈이네 집으로 전화를 했다. 차창으로 상훈이를 누가 데려갔다는 얘기를 들은 상훈이 어머니는 대수롭지 않게 여기며, 오늘 학원 원장 선생님이 학원 차로 상훈이를 데려간다고 했으니 아무 걱정 하지 말라는 것이다.

순간 이것이 너도나도 덤벼든 유아 교육의 현주소인가 싶어 서글퍼지기까지 했다. 유아 교육은 어린이의 일거수일투족과 그들이 움직이고 생활하는 모든 곳이 교육의 장이 아닌가. 어린이들의 인격 형성과 기본 생활 습관 형성에 많은 비중을 두고 정성들여 교육해 왔는데 비상사태도 아닌 터에 출입문을 두고 창문으로 빠져나갔다니, 어린이들에게 베푼 교육의 효력이 한꺼번에 무너져 내린 것 같아 허탈감마저 들었다.

교육자가 아니더라도 그렇게 하면 안 될 터인데 하물며 유아 교육을 하노라고 자처하며, 그것도 교육기관의 책임자 위치에 있는 분이 그러한 의식을 갖고 있는 것을 보면서 이것이 오늘 이 나라 유아 교육의 한 단면인 것 같아 스스로를 다시 한 번 돌아보게 된다.

어린이를 데리러 왔으면 유치원 교사에게 자신의 신분을 밝히고 사유를 밝혀야 하는 것이 아닌가. 그리고 아이가 차 안에 있으면 좀 번거롭더라도 출입문으로 떳떳하게 걸어 나오게 해야지, 그것도 아이들 생활의 현장 교육이 아닌가! 수단 방법 가리지 않고 도둑처럼 몰래 창문으로 어린이를 꺼내 가서라도 특기(?)나 지식만 주입시키면 된다는 말인가.

교육은 결과가 아니고 과정이다. 유아 교육은 더더욱 그래야 한다. 유아 교육의 특성은 학습 내용과 학습 과정이 분리되지 않고 통합되어 이루어지는 데 있다.

전인 교육이 필요한 때가 유아 교육의 시기이므로 통합 교육을 통해서 전인 교육의 목표를 달성해야 한다. 어린이의 활동을 중요시하고 그들의 상호 작용을 중심으로 통합적이고도 다양한 교육이 이루어져야 한다.

유아기에 인간으로서 경험하고 학습해야 하는 전인적 인간 형성에 목적을 두어 지적·정서적으로 심신이 조화롭고 건전하게 성장해 갈 수 있도록 지도하여야 한다. 유아 교육이 어린이의 생활이나 겪어야 할 경험은 도외시한 채 특기 교육이나 영재 교육, 지적 교육에만 치중해서는 안 된다.

다른 집 아이들보다 더 빨리, 더 많은 것을 뛰어나게 가르치고 일찍부터 유명하게 키우고 싶어하는 부모의 욕심과 조급성으로 유아 교육 시간을 단축하거나 어린이의 발달 단계를 비약시켜 가면서 각종 학원에 보내고 각종 학습지와 문제지로 어린이를 혹사하고 있는 것이 오늘의 가정이요 유아 교육이다. 나라의 내일을 위하여 정말 염려하지 않을 수 없다.

아이의 성장과 준비 단계 이상의 과중한 기대와 부담은 정서장애를 가져온다. 공부와 자기 생활에 염증을 느끼고 불안·우울증에 시달리며, 심할 경우 언어장애 등 발달장애와 정신장애를 일으킨다는 것을 우리 부모들은 깊이 생각해야 한다.

오늘날 심각하게 사회 문제로 되고 있는 청소년의 비행도 그 원인(遠因)을 유아기 교육 환경에서 찾아야 한다.

유아기에 지능과 인격, 그리고 성품의 60~70%가 결정된다는 것이 교육학자·심리학자·사회학자들의 공통된 연구 결과다.

비뚤어진 자녀의 문제로 당하는 고통은 유아기에 겪게 해야 할 환경과 경험과 생활에 아랑곳없이 그릇된 자식 사랑으로 조급하게 '특기다, 영재 교육이다, 성적이다' 하는 가시적인 결과만을 좇다가 자녀의 정신장애를 불러일으키고 그릇된 가치관을 심어 준 부모와 교육한다는 사람들의 자업자득인 것이다.

유아 교육은 누구나 상식선에서 적당히 하면 된다는 생각을 버려야 한다. 보다 체계적이고 과학적인 교육과정 개발과 교육 방법이 적용되어야 한다.

유아 교육은 다양한 활동을 통하여 사물을 식별하는 능력, 탐구하고 발견하는 능력, 자발적 관심으로 창조하는 능력을 계발하도록 해야 한다. 어린이의 정서와 개성 발달을 위한 기초 교육이지 초등학교에 가서 남보다 한 발 앞서 나가게 하기 위한 준비로 글자나 숫자를 가르치는 과정이 되어서는 안 된다.

유아 교육은 피아노, 그림, 속셈, 웅변, 태권도, 수영, 무용 등 예능이나 체능의 특기를 기르는 영재 교육도 아니다.

또한 유아 교육은 직업이나 사회 활동, 취미 활동 등 자아 실현 욕구로 바쁜 어머니의 일손을 덜어 주는 보육의 차원만이어서도 안 된다.

무한한 가능성을 가지고 태어난 어린이에게 좋은 교육 환경을 제공해 주어 교육과정 한 단계 한 단계가 보람된 삶이 될 수 있도록 해야 한다.

춤추고 그리는 곳만 아니다

• 유아 교육 •

∽

국력을 좌우하는 유아 교육

1957년 소련이 미국보다 앞서 인공위성 스푸트니크 발사에 성공하자 전 세계가 놀란 것은 말할 것도 없고, 특히 모든 분야에서 세계 최고 최강임을 자부하던 미국은 조야가 발칵 뒤집히는 소위 스푸트니크 쇼크를 받았다.

미국이 소련에 뒤지고 있는 것이 과연 우주과학 분야만이냐? 뒤지게 된 원인이 어디에 있느냐?

미국의 각계각층과 여러 분야에서 자성의 소리가 드높았다. 미국은 국력을 재점검하기에 이르렀고 정치·경제·교육·군사 등 각 분야에 전문가와 연구기관들을 투입하여 연구 분석한 결과 여러 가지 원인을 찾았지만 그 중에서도 가장 중요한 원인은 미국의 '교육 분야'가 소련에 뒤지고 그 중에서도 '유아 교육'이 소련을 따르지 못한다는 결론을 얻어냈다.

우수한 국민을 길러 국력을 배양하려면 무엇보다 유아 교육에 일대 변혁이 있어야 한다는 것이 일치된 결론이었다.

이후 미국은 유아 교육의 목표·교육과정·교육방법·교육정책 등을 재정비하고 막대한 예산을 투입하여 강력히 추진함으로써 오늘의 미국을 이룩하게 되었다. 유아 교육은 국가 발전과 미래 세계로 도약하기 위한 국민 기초 교육인 것이다.

유아기는 건전한 성격 형성과 인간 능력 계발의 최적기다. 유아기는 신체적으로나 정신적으로 가장 급속히 성장 발달하는 시기이므로 이때 체계적·조직적으로 교육시킬 필요가 있다. 어린 시절의 경험일수록 개인의 전 생애를 통하여 중대한 영향을 미친다. 인격 형성과 지능 계발, 건강 교육, 가치관 정립 등도 이때를 놓쳐서는 안 된다.

연구 결과 6세까지 지능의 70% 정도가 발달한다고 한다. 따라서 이 시기의 교육은 그 이후의 교육보다 훨씬 더 중요하다.

유아 교육의 방향

유아기의 경험과 환경이 한 인간의 성격 형성 및 지적·사회적 성장 발달에 결정적인 영향을 미친다는 사실은 모든 교육학자와 사회학자들의 공통된 연구 결과다.

이토록 중요한 유아 교육에서 취학 전 어린이들에게 교육의 기회를 제도적으로 제공하는 게 중요한 것이 아니라, 그들을 어떤 교육 환경에서 어떠한 교육관과 철학을 가진 교사가 어떤 교육과정을 어떻게(교육방법) 교육해 가느냐가 중요하다.

다시 말해 어느 정도 양질의 교육이 이루어지느냐의 문제인 것이다. 유아기의 교육이 양질의 교육이 되지 못할 때 오히려 역기능만 나타날 뿐이다.

이 문제에 대하여 일찍이 자연주의 교육을 역설한 루소는 "학교는 어린이 개성을 말살하는 도장"이라고까지 경고한 바 있다.

여러 번 강조하지만 이 시기의 교육은 개인의 신체적·지적·정서적·도덕적 그리고 사회적 생활이 통합적으로 다루어지는 전인 교육이어야 한다.

1980년대에 들어와 우리 나라에서도 정부나 학부모 모두 유아 교육에 대한 인식이 달라지고 놀랄 정도로 관심이 높아졌다. 그러나 한편으로는 유아 교육에 대한 이해 부족으로 많은 문제점들이 야기되고 있는 것도 사실이다.

유아 교육이 유아의 특수 기능(음악·미술·무용·주산·속셈·웅변·태권도 등) 조기 발달이나 눈에 나타나는 읽고, 쓰고, 셈하는 등의 초등학교 교육과정을 미리 앞당겨 배우게 하는 것으로 생각하는 학부모가 적지 않은 탓에 이러한 부모들의 욕구를 충족시키기 위하여 유사 유아 교육기관이 우후죽순처럼 난립하여 비정상적이고 비교육적인 교육 활동이 이루어지고 있는 것이다. 이는 유아 교육의 중요성을 생각할 때 나라의 장래를 어둡게 하는 심각한 문제라 아니할 수 없다.

그뿐인가? 부모 자신이 성취하지 못한 소망을 자녀를 통해 이뤄 보려고 피아노·그림 등 무리하게 교습시키며 무엇이든지 남보다 많이 시키면 시킬수록 효과적인 유아 교육을 하고 있는 것으로 잘못 생각하는 부모들이 많다. 따라서 이러한 부모들의 생각을 바꾸어 놓는 것이 성공적인 유아 교육의 급선무이다.

어려서부터 특수 기능만을 숙달시키고 어떤 방법으로든지 많이 알도록 지식을 주입시키는 것이 유아 교육이라고 생각하는 풍조가 사회에 만연해 있고, 고도의 학문을 가르치는 것이 아닌 한 유아 교육은 누구라도 할 수 있다는 위험한 생각을 가진 사람들이 유사(?) 유아 교육기관을 운영하고 있는 한, 우리 유아 교육의 장래는 어두울 수밖에 없다.

모든 교육이 그러하지만 특히 유아 교육은 무엇을 배웠느냐, 어떤 특기를 익혔느냐의 결과보다 어디서 어떻게 배우느냐의 환경과 과정이 중요시되어야 한다.

유아기에 겪어야 할 경험을 최대한 경험하도록 인적·물적·지적·사회적 교육 환경을 제공해 주는 전인 교육이 이루어져야 한다.

이와 같은 유아 교육의 특성이나 중요성 때문에 선진국에는 유아를 대상으로 하는 제도적 사회 교육기관(학원)이 없다고 한다.

그러나 또 다른 측면에서 생각해 보면 산업사회의 발전으로 말미암아 사회가 산업화·전문화되어 가면서 부모나 가정이 어린이에게 충분한 보호나 교육 환경을 제공해 주기 힘들어 가정의 교육적 기능이 약화된 것이 오늘의 현실이므로 유아 교육은 유아 교육기관에서 대신 맡아야 할 비중이 높아지고 있다.

그러나 여기서 강조되어야 할 것은 유아 교육을 말할 때 보육적(保育的) 역할보다 교육적 기능이 중시되어야 한다는 것이다.

유아 교육기관

현재 우리 나라에서 유아 교육이란 이름으로 유아들을 모아서 가르치고(유치원 교육) 있는 유아 교육기관의 유형을 분류해 보면 다음과 같이 세 가지로 나눌 수 있다.

- 적법(適法)한 교육기관
- 설립 목적 외 변칙 유아 교육기관
- 불법(不法) 교육기관

(1) 적법한 유아 교육기관

현재 우리 나라에서 취학 전 유아를 대상으로 하는 적법한 유아 교육기관은 다음 셋만이 해당된다(1993년 집필 당시).

- 교육법에 의한 학교로서의 '유치원'
- 영유아보육법에 의한 '어린이집'
- 유아교육진흥법에 의한 '새마을 유아원'

그런데 새마을 유아원은 1993년 말까지 시설 인가 조건을 갖추어 유치원이나 어린이집으로 전환 인가를 받든지, 그렇지 않으면 폐원하도록 되어 있으므로 앞으로 우리 나라 유아 교육기관으로는 유치원과 어린이집만이 유아를 교육하거나 보육하도록 되었다. 유치원을 학교로 규정한 교육법에는 인가를 받지 아니하고 학생을 모집하거나 학교의 명칭을 사용할 경우 처벌하도록 규정하고 있는데, 이는 국가 백년지대계인 교육의 중요성을 생각할 때 너무나 당연한 일이다.

때문에 국가가 유아 교육기관을 인가할 때는 교육 시설 기준과 교사 자격에 엄격한 법적 요건을 요구하고 있다.

① 유치원

유치원은 교육법에 의하여 초등학교, 중·고등학교, 대학교와 함께 학교 교육기관으로 규정되어 있으며, 교육과정은 교육부가 제정한 신체·언어·인지·정서·사회성 발달의 5개 영역을 유아의 발달 수준 (3세, 4세, 5세)과 흥미를 고려하여 지역 사회와 유치원 실정에 맞추어 재구성하고 통합적으로 교육 운영하도록 되어 있다.

1995년 3월 1일부터 새로 시행할 5차 교육과정은 건강생활, 사회생활, 표현생활, 언어생활, 탐구생활 5개 영역으로 되어 있다. 이러한 교육과정의 운영, 즉 유아 교육은 고도의 전문 교육과 훈련을 받은 유자격 교사가 아니면 교육 효과를 거둘 수 없는데도 춤추고 노래하고 그림 그리고 재주 익혀 재롱 부리면 그게 곧 유아 교육이 되는 것으로 생각하는 부모와 사이비 유아 교육기관의 문제가 심각하여 유아 교육의 장래가 몹시 우려된다.

유치원에서는 엄격한 시설 기준과 교육부 장관이 자격을 인정한(자격증) 교사·원감·원장이 유아를 교육하도록 되어 있다.

② 어린이집

어린이집은 영유아보육법에 따라 설립된 것으로 그 목적을 다음과 같이 밝히고 있다.

"영·유아에 대한 적정한 환경과 전문적인 보육 서비스를 제공하는 보육 사업을 시행함으로써 영·유아의 건전한 보육과 보호자의 경제적·사회적 활동의 지원을 통하여 가정 복지 증진을 도모하기 위함"이다.

어린이집의 지도자는 일정한 자격 요건(교사 자격과 구별)을 갖춘 '시설장'과 '보육 교사'가 맡도록 되어 있다.

(2) 설립 목적 외 변칙 운영되는 유아 교육기관

음악·미술·속셈·무용·웅변·주산·태권도 학원 등은 사회 교육기관으로서 '교육법'이 아닌 '학원 설립 운영에 관한 법률'에 의하여 인가되는 것으로 교육과정이나 교육 목표는 학원 자체에서 정한 소칙에 따라 기술·특기 교습을 실시하도록 되어 있다. 따라서 지도자(강사)도 유아 교사 자격증을 필요로 하지 않는다.

건실한 학원들은 학원 인가 본래의 목적에 따라 기술(특기) 교육만을 충실히 실시하고 있으나 건실치 못한 학원들은 학원 본래의 지도 목표를 망각하고 유치원 교육 시설 요건이 갖추어지지도 않은 장소에서 무자격 교사가 어설픈 유치원 교육을 하며 사이비 유치원 교육기관 행세를 하면서 학부모와 일반 사회의 유아 교육에 대한 개념을 혼란시키고 있다.

이로 인하여 부모들은 유아 교육기관(유치원)과 사회 교육기관(학원)을 구별 못하고 혼란에 빠져 있다.

(3) 무인가(불법) 교육기관

교육법에는 인가를 받지 아니하고는 학생을 모집하지 못하도록 되어 있고, 학원 설립 운영에 관한 법에는 다수인에게 30일 이상의 교습 과정에 따라 지식·기술·예능을 교습하거나 30일 이상 학습 장소로 제공할 때는 인가를 받아야 하고 무인가일 때는 동법 제18조에 의거, 처벌하도록 규정하고 있다.

그런데 이와 같은 법에 반하여 탈법적으로 유아를 모집하고 유사 유아 교육을 계속하는 기관(?)들이 유아 교육을 왜곡시키고 있다.

탈법한 사이비 교육기관이 참된 인간을 기르겠다고 하니 아이러니가 아닐 수 없다.

지명도가 높은 사회단체나 종교기관에서 아기 스포츠단, 선교원 등의 이름으로 본래의 취지와 달리 유치원 교육을 하기도 한다.

모든 법적 요건을 갖추어 정식으로 인가를 받고 유아 교육의 선구적 역할을 감당할 수 있기를 바란다.

그 밖의 문제들

(1) 유아 교육기관의 교권 확립

유치원에 대한 공교육 기관으로서의 인식이 부족하고 전인 교육으로서의 유아 교육과정에 대한 개념이 잘 정립되지 못한 학부모의 요구를 무시할 수 없어 비정상적이고 전시효과적인 교육과정을 유사 교육기관과 더불어 경쟁적으로 진행시키는 것은 교권을 스스로 실추시키는 일이다.

유치원의 모든 교육 프로그램과 교육 행정은 교육적이고 연구적이어야 한다. 확고한 교육관과 굳은 신념을 가지고 사명감이 투철한 교육자상을 보여 줄 때 교권을 지킬 수 있다.

취원(就園) 대상의 절대 원아 수는 한정되어 있는데 우후죽순처럼 난립한 각종 유사 유아 교육기관과의 원아 유치 경쟁이라는 약점 때문에 학부모의 요구와 취향에 안이하게 타협한다면 유치원의 존립 자체가 위태로워질 것이다.

(2) 교육비와 교육시설 투자

교육 선진국은 유치원 교육비가 대학 교육비에 버금간다. 일생일대의 가장 중요한 시기에 질 높은 유아 교육을 하지 않으면 안 되겠기에 그렇게 투자하는 것이다.

그런데 우리의 유치원 교육비에 대한 인식은 어떤가?

얼마 전 모 일간지에 유치원 교육비가 고등학교보다 더 든다고 기사화하여 유치원 운영자가 폭리나 취하는 것처럼 암시한 보도를 보면서 유치원과 고등학교의 교육 여건이나 내용을 전연 모르는 기자의 무식함과 불성실한 취재에 고소(苦笑)를 금치 못했다.

물론 비교육적인 운영으로 부모들과 사회로부터 지탄받아 마땅한 유치원 운영자가 없는 것은 아니다. 그러나 잘못된 나무 몇 그루를 보고 큰 숲을 탓하거나 매도해서는 안 될 줄 안다.

교사의 인건비나 교재·교구 시설 투자에 대한 정부의 재정적 지원이 아쉽다. 그보다 먼저 유아 교육과 유치원에 대한 정부 차원의 인식 전환이 시급하다. 열악한 교육 여건을 극복하지 못하여 문 닫는 사립 유치원이 늘어나는 것은 국가 차원의 중대한 교육 손실이 아닐 수 없다.

질 높은 교육 환경을 조성하기 위하여 자율화된 수업료(그것도 물가 억제책에 연계되어 규제받고 있음)를 충분히 책정하면 자구책이 되지 않느냐고 할지 모르나 그것은 지방 도시의 경우 교육의 질 이전에 원아 확보가 어려워지는 결과를 가져온다. 공교육 개념이 부족한 부모들이 교육 내용이나 질보다 수업료를 비교하며 철새같이 어린이들을 데리고 이리저리 옮겨 다니는 실정이다.

(3) 내실 있는 교육과정 운영

앞에서도 잠깐 언급했지만 유치원은 원아 모집을 의식한 전시효과적인 프로그램 운영을 지양하여야 한다.

유아 교육의 극히 지엽적인 활동인 생일 잔치, 재롱 잔치 같은 활동들이 정도를 지나쳐 그것이 유아 교육의 주된 프로그램인 양 본말이 전도된 활동은 지탄받아 마땅하다.

청야전법(淸野戰法)과 누렁이

· 동물의 모성애 ·

'강원도 명주군(지금은 양양군) 현남면 입암리.' 여기가 꿈 많은 소년 시절을 보낸 내 고향이다. 산과 들과 화상천 냇가에 지천으로 피고 지던 진달래·개나리·야생화·들풀 들의 그 향긋한 풀내음들은 이순을 바라보는 지금도 내 가슴속에 계속 피어나 문득문득 마음을 설레게 한다. 강아지도 기르고 토끼도 닭도 기르며 사람과 가축의 범주를 벗어나 같이 정을 나누던 소년 시절이 마냥 그립기만 하다. 그런데 지금 나는 인간이 인간성을 상실하고 인간이기를 포기하는 듯한 절박한 현실에서 벼랑 끝에 서 있는 것 같은 위기감을 느끼며 옛날을 회상하는 것이 어쩌면 사치스럽다는 생각마저 든다.

내가 초등학교 6학년 때 6·25전쟁이 일어나 그 평화롭던 마을이

전쟁의 소용돌이에 휘말리게 되었다.

내 고향은 38선에서 12킬로미터쯤 남쪽에 위치한 곳이다. 6·25가 일어난 날은 일요일이었다. 나는 뚝방 길을 다니며 토끼풀을 뜯다가 요란한 포성과 함께 38선 쪽에서 밀려오는 피난민 행렬을 보았다. 온 동네가 술렁이다가 우리 가족도 피난길 행렬에 끼이게 되었다.

어머니는 옷가지와 식기를 챙긴 보따리를 이고, 나는 쌀자루를, 어린 여동생은 얇은 이불 보따리를 지고 이고 오후에 집을 나섰다. 피난이 무엇인지도 모른 채 동네 사람들이 모두 빠져나가니까 같이 나가야 했다. 어디로 어떻게 가야 할지 몰라 갈팡질팡하며 의견들이 분분했다. 산에 가서 오늘 저녁만 피했다가 오면 된다는 의견도 있었고 대로를 피해서 산골길을 따라 남쪽으로 가야 한다는 주장도 있었다.

산골길을 헤매며 밤늦게까지 한 50리를 남행하여 산골 어느 외딴집에 들어갔다. 부엌에 멍석을 깔고 저녁밥도 굶은 채 여러 가족이 총알을 막는다고 이불을 뒤집어쓰고 앉아서 자는 둥 마는 둥 밤을 지새고 나니까 인민군이 밤새 우리보다 앞질러 갔다는 소문이 들려왔다. 고향 집으로 되돌아갈 수밖에 없었다. 집으로 돌아오니 누렁이(기르던 개)가 내 얼굴까지 길길이 뛰어오르며 반가워했다.

이후로 인민군이 멀리 남쪽까지 내려가는 동안 인공(人共) 치하에서 인민학교를 석 달 다녔다. 공부는 별로 하지 않고 공산당을 선전하는 연극을 연습해선 마을을 돌아다니며 공연하였다. 그리고 동네별로 소년단을 조직하여 마을 소년단 대 소년단의 전쟁놀이를 계속하였다.

9·28 수복으로 국군이 북진한 후 다시 초등학교에 다니다가 다음

해(1951) 1·4후퇴 때 다시 본격적인 피난길에 나섰다. 이번엔 집 떠날 준비를 단단히 했다. 피난 보따리에는 역시 쌀·식기·옷가지·이불을 챙겼고, 곳간의 쌀은 모두 마당에 쌀독을 묻고 그 위에 짚가리며 나뭇단으로 위장을 해두었다. 다른 가구와 물건들은 그냥 놔두고 떠났다. 보따리를 이고 지고 떠나면서 집을 돌아보고 또 돌아보는데 토끼장의 토끼나 닭장의 닭들은 아무것도 모르나 누렁이는 이리 뛰고 저리 뛰며 안절부절못했다. 낳은 지 얼마 되지 않은 새끼 강아지가 있는 부엌에 들어갔다가는 다시 달려나와 우리를 쫓아오고, 오다가는 다시 새끼 강아지 쪽으로 달려가고! 참으로 안타까운 이별의 순간이었다. 부엌으로 달려간 누렁이의 뒤를 보고 있노라면 어느새 또 우리를 쫓아 달려오는 것이다. 그러다가 결국 누렁이는 우리를 따라오지 않고 제 새끼 쪽으로 가고 말았다.

그렇게 떠난 피난길이 울진까지 가서 눌러앉아 피난살이를 하였다. 눈보라 휘몰아치는 빈 들에서 허기진 배고픔의 고통을 겪으며 겨울을 나고 봄·여름이 지났을 때 북진하는 국군의 뒤를 따라 고향으로 돌아왔다.

고향에 와보니 집이란 집은 모두 불타 버려 잿더미만 남았다. 온 마을은 폐허 그 자체였다. 집들이 불탄 것은 비행기 공습이나 포화 때문이 아니었다. 국군의 우매한 작전 때문이었다. 1·4후퇴 하면서 국군이 38선부터 우리 마을 부근까지 약 20킬로미터 안의 모든 가옥과 건축물들을 소각시키고 후퇴했던 것이다. 이른바 청야전법(淸野戰法)이었다. 추격해 오는 적군이 야영이나 진지 구축, 취사 등을 할 수 없도록 마을을 텅 비게 만들어 작전을 지연시키는 전법이라는 것이다.

옛날도 그 옛날, 춘추전국 시대에 가도 가도 끝이 없는 광활한 중국 대륙에서나 쓸 수 있는 고대 병법인데 좁은 전장(戰場)의 현대전에 잘못 적용한 어리석은 작전이었다.

우둔한 한 사람의 지휘관으로 인하여 얼마나 많은 백성들이 고통과 피해를 받았는지 모른다. 더욱 안타까운 것은 조상 대대로 전해 내려오던 귀중한 유물들이 소실되어 다시는 회복시킬 수 없다는 것이다. 지금 내게는 6·25 이전의 것은 남은 것이 아무것도 없다.

어릴 때 가끔 다락방에 올라가면 수많은 고서(古書)들이 쌓여 있는 걸 보았는데 다 어떤 책들이었는지 지금 와 생각하면 안타깝기 짝이 없다.

어쨌거나 불타 주저앉은 집터의 잿더미를 몇 날 며칠을 걸려 파헤치고 정리하여 그 위에 임시로 오두막집을 지어야 했다. 피난 갈 때 마당에 묻었던 쌀독의 쌀을 퍼내니 집이 탈 때의 지열로 쌀이 모두 새까맣게 타버렸다. 너무 심하게 탄 것은 버리고 좀 덜한 것을 가려서 물에 담가 헹구고 씻고 해서 밥이건 죽이건 해 먹어도 역한 냄새 때문에 참으로 먹기가 어려웠다. 까만 쌀밥으로 몇 달을 연명하면서 폐허에 오두막집부터 세워 나갔다.

구들(방바닥)을 만들기 위하여 구들장을 하나하나 들어내다가 구들장 밑 구들고래에 누렁이(어미개)가 죽어 있는 것을 발견했다. 눈물이 확 쏟아졌다. 누렁이가 구들고래 속에 들어가 죽은 사연은 이러할 것이다.

집주인은 모두 떠나고 부엌에서 새끼 강아지를 품에 안고 있던 에미(누렁이)가 집에 불이 붙으니까 혼자서는 밖으로 뛰어 나갈 수 있으나 걷지 못하는 새끼들 때문에 그들을 감싸 지키다가 몸에 불이 붙어 다급해지니까 부엌 아궁이를 통하여 구들고래 속으로 기어들어간 것이리라.

자식이 부모를, 부모가 자식을 버리고 살해하는 오늘의 패륜을 보면서 누렁이가 더욱 내 가슴을 아프게 한다.

누가 주전자를 치우나
• 개척 정신 •

$\sim$

　오전 수업 넷째 시간이 끝나는 종이 울리기 무섭게 어린이들이 우르르 수돗가로 몰려간다. 점심을 먹기 전에 손을 씻기 위해서이다. 40분씩 규칙적으로 오전 네 시간을 공부하는 초등학교 어린이들에겐 무척이나 기다려지는 것이 점심 시간이다.

　짓궂은 녀석들은 점심 시간까지 기다리지 못하고 짬짬이 조금씩 꺼내 먹다가 어린이회의 시간에 자기 반성의 표적이 되기도 하는데 어린이들에겐 하루의 학교 생활에서 점심 시간이 가장 자유롭고 즐거운 한때다. 반찬을 나누어 먹기도 하고 빼앗아 먹기도 하며 자유롭게 마음 터놓고 얘기를 나누는, 그야말로 정답게 상호 작용이 이루어지는 시간이다.

오늘 당번인 어린이가 주방에 가서 큰 주전자에 보리차를 받아 오고 물컵을 어린이들 책상 위에 하나하나 나누어 놓는다. 수돗가에 손을 씻으러 갔던 어린이들이 하나 둘 교실 문으로 들어온다. 더러는 판매부에서 빵을 사들고 오는 어린이도 있고, 교문 앞에서 어머니가 건네준 도시락을 들고 오는 어린이도 있다.

나는 칠판 앞에 서서 교실 문을 들어서는 어린이들을 하나하나 지켜본다. 바쁘게 움직이는 당번이 보리차가 담긴 큰 물주전자를 생각 없이 여닫이 교실 문 앞에 놓는 바람에 주전자에 문이 걸려 다 열리지 않아 어린이들이 드나들기에 불편한 상태다. 문이 다 열려 있지 않으니까 철수가 몸을 옆으로 해서 좁은 문틈을 겨우 빠져 들어와 제자리로 간다. 영희가 또 옆걸음으로 그 문으로 들어오면서 주전자를 힐끔 보고는 제자리에 가 도시락 뚜껑을 열었다 닫았다 한다. 그 뒤를 계속해서 반 어린이들이 다 열리지 않는 좁은 문으로 들어와 도시락을 만지작거리며 식사 기도하고 점심 식사가 시작되기만을 기다린다. 학급회장도 부회장도 그렇게 들어왔고 어린이회의 때 기본 생활 질서를 열올려 강조하는 생활부장도 예외는 아니다. 더러는 문에 걸리는 주전자를 힐끗 보고 가기도 하고 더러는 아무 일 없는 듯 뒤도 돌아보지 않고 지나친다.

지켜보고 서 있는 내 마음은 시간이 흐를수록, 어린이들이 들어와 제자리에 앉아 빈자리가 줄어들수록 점점 무거워진다. 내가 설 자리가 흔들리는 것만 같다. 이것이 내 나름대로 열심을 다하여 어린이들을 가르쳐 온 결과란 말인가. 자주력과 창의력을 기르는 교육을 한다고, 개척 정신을 기른다고, 사람다운 사람을 만들어 간다고 열심을 다해 온 결과가 기껏 이것이란 말인가. 어떻게 하면 좋을까?

물론 문에 걸리는 주전자 그 자체만이라면 그렇게 근심되거나 실망할 것도 없다. 곧 어린이들을 조용히 시키고 주전자와 출입문의 문제점을 제기하면 너무나 영리하고 너무나 잘 훈련된 우리 어린이들은 문제를 너무나 잘 해결해 낼 것이니까 말이다.

나는 지방 초등학교에서 여러 해 근무하다가 서울의 초등학교로 전근 와서 어린이들과 생활 중인데 서울 어린이들, 아니 오늘의 어린이들에게서 평소에 느껴 왔던 여러 가지 걱정들이 이 사건을 통해 더 가중되어 온다.

'나' 이외에는 '남'을 위해 '생각'을 베풀지 않으려는 철저한 자기 중심의 이기적인 모습들, 직접 자신의 문제가 아니면 문제를 문제로 생각하지 못하는 어린이들, 자신을 위한 일이 아니면 섬김과 봉사와는 거리가 먼 어린이들의 모습이 나를 우울하게 만든다. 여러 가지 생각을 이리저리 돌려 가며 문제의 주전자를 계속 지켜보았다.

명수가 들어오려고 한다. 문이 다 열리지 않아 바로 들어가기가 곤란한가 보다. 문을 밀어 본다. 뭐가 걸리는 모양이다. 문 위와 앞뒤를 살펴본다. 문제의 주전자를 발견하고는 곧 주전자를 들어서 한쪽 옆에 비켜 둔다.

바로 너다! 명수 네가 개척자다!

얼마나 기뻤는지 모른다.

주전자 사건은 오늘 이것만이 아니다. 교실의 책상과 책상 줄 사이

통로에 큰 주전자가 있어도 교사가 치우든가 치우라고 시키기 전에는 그냥 넘어 다니는 일이 비일비재하다. 어린이들의 그런 모습을 볼 때마다 마음이 답답해지는 내게 명수는 신선한 충격을 안겨 주었다. 그렇게 대단한 일도 아닌 것에 충격을 받아야 한다는 것이 안타까울 뿐이다.

문제에 직면했을 때 아무런 대책도 세우지 않고 문제를 회피해서 쉽고 편안함만 추구하거나 좌절하고 실의에 빠져 의욕을 상실하는 어린이를 대하는 것은 참으로 안타깝다. 부모나 교사가 시키지 않으면 스스로는 아무것도 하지 못하는 어린이가 너무 많은 현실을 직시하고 문제 의식을 가져야 한다. 부모나 교사가 다같이…….

자발성과 창조성을 발휘하여 스스로 생각하고 계획하여 자기 앞에 놓인 문제를 합리적이고 능률적으로 슬기롭게 대처해 나가는 개척자가 새 역사를 창조할 수 있다.

울음과 반대 급부

• 자주성 •

∽

안톤 슈낙의 수필 「우리를 슬프게 하는 것들」의 첫머리에 "울음 우는 아이들은 우리를 슬프게 한다"는 구절이 있다.

유아와 아동을 구별하지 않은 채 아이들의 울음이라고 했다. 아이들 울음이란 주체와 상황에 따라 그 의미가 천차만별일 수 있다.

여기서 우리를 슬프게 하는 울음이란 천진(天眞)으로 미화(美化)된 동심(童心)을 매개하여 느낀 감정일 것이라고 추정해 본다.

그러나 나는 그렇게 미화된 동심에서 우는 울음을 많이 접해 보지 못하였다는 것이 이 글을 쓰는 소이연(所以然)이다.

고난으로 점철된 이 민족에겐 눈물이 마를 날이 없어 눈물에 젖은 민족이란다.

당 태종에게 태평송(太平頌)을 수놓아 보내고 그의 힘을 빌려 동족인 백제와 고구려를 견제해야 했던 선덕여왕의 가슴에 서러움이 스며 있었을 것이고, 병자호란으로 청 태종에게 잡혀간 삼학사(三學士)가 뿌린 눈물도 한(恨)으로 남았으며, 치욕의 왜정(倭政)은 한 줄기 민족혼마저 앗으려 했으니 이 또한 눈물이 아니던가! 지난날 가난한 우리 백의민족은 눈물 때문에 무기력해지지 않았는지 모르겠다.

유구한 역사라지만 실로 유구한 서러움과 눈물의 역사는 아니었는지?

여러 가지 역사적 정황과 추세로 보아 우리 민족이 많이 울어 왔다는 결론을 얻는 것은 정녕 슬픈 일이다.

다시 우리 민족성 형성의 일단을 조선을 지배한 유교 사상에 돌려 보자. 가부장적이고 봉건적인 명분주의(名分主義)를 비롯하여 상고적(尚古的)이요 허례허식적인 사상이 우리를 무기력하게 만들었을 것이고, 편파·배타·공리주의적 갈등이 울어야 하는 환경을 조성했을 것이다.

기왕 지나친 역사 속의 저 서러운 울음들은 이제 논외로 하더라도 지금 내가 당면하고 있는 운동장 한복판에서, 교실 구석 여기저기서 갖가지 형태로 울어 대는 어린이들의 모습을 보고 듣는 것은 역겨운 일이 아닐 수 없다.

우리 나라 어린이들이 잘 운다는 것은 이미 당나라 때 문헌에 기록됐을 만큼 유명하다.

예나 지금이나 우리 부모들은 자식을 애착과 익애로 과잉보호하여 키워 왔다. 그런 까닭에 의타심이 생겨 응석받이로, 무기력한 아이로 될 수밖에 없었을 것이다.

사범학교를 졸업하고 교사의 길에 들어선 지 3년 만에 처음으로 1학년을 담임하게 되었다. 천사 마냥 흠없는 동심과의 만남이 한없이 즐겁고 사랑스러우리라는 기대는 첫날부터 빗나가기 시작했다.

조상으로부터 물려받은 예의 그 울음들이 다른 무엇보다 나를 실망시키기에 충분했고, 한편으로는 막중한 생활 지도 과제를 안겨 주었다.

다정다감하여 흘리는 눈물은 있어야 한다. 그런 정겨운 눈물이 없으면 인생이 너무 삭막할 것이다. 그러나 학교에서 내가 만나는 울음들은 그렇지 못하다는 데 문제가 있다.

이제 내가 맡은 1학년 어린이들의 울음과 그 울음이 요구하는 반대 급부를 살펴보기로 하자.

(1) 덕영이의 울음

덕영이는 입학식이 있던 날 어머니의 손을 잡고 교실 문 앞까지 왔다. 책보가 고작인 그 시절 시골 학교에서 그래도 덕영이는 란도셀 가방에 공책이며 필통을 새로 사 넣어 가지고 걸머메고 왔다.

교실 문이 열리고 담임인 내가 맞으려고 내다보는 순간 예의 그 울음이 폭발했다. 먼저 와 있는 많은 어린이들의 시선을 모은 채 교실에 들어가라는 어머니의 권유에도 아랑곳없이 제 어머니의 가슴을 두 주먹으로 난타하며 입실(入室)하지 않고 막무가내로 울어 댔다. 다음날도 그 다음 날도 그런 울음은 연 5일간 계속되었다.

집에서는 날마다 아침이면 대단한 결심과 용기를 가지고 학교에 간다고 큰소리치며 떠나오기는 하는데 교실 입구에만 서면 미지의 새로운 환경과 생활에 저항을 느끼며 자신감을 잃고 두려움과 공포마저 느껴 무기력해지고 허물어지려는 주체성을 반항과 울음으로 상각(償却)하여 급부(給付)받으려는 그 나약한 심사!

누가 그리고 무엇이 어린 덕영이로 하여금 새로운 환경에 심한 저항을 느끼게 하고 자신감을 못 갖게 하였단 말인가. 서부 개척에서 보여 주었던 미국인들의 자신감 넘치는 개척 정신이 어렸을 때부터 그들의 혈맥(血脈)에 도도히 흐르고 있음으로 해서 오늘의 미국을 이룩했다고 생각하니 덕영이를 보면서 우울해질 수밖에 없다.

첫날 여러 모양으로 덕영이를 달랜 것을 후회하면서 덕영이가 우는 한 곁으로 무관심하기로 작정하고 조금도 동정이나 도움을 주지 않았다. 판단을 오로지 덕영이 자신에게 맡겨 놓았다.

덕영이는 엿새째 되는 날부터 겸연쩍게 교실에 들어오더니 이후로는 결석은커녕 지각 한 번 하지 않고 학교 생활에 그렇게 열심일 수가 없었다.

(2) 난희의 울음

출근한 후 교무실에서 조회 전까지 급한 공문 한 건을 처리하느라 좀 늦게 교실에 들어갔다.

어린이들은 거의 운동장에 나가 놀고, 교실에는 4~5명만 있을 뿐이다. 그 중 난희가 자기 책상 옆에서 책보를 들고 선 채 훌쩍훌쩍 울고 있다. 다른 어린이들에게 물어도 모두 까닭을 모른다는 것이다. 울기만 하고 서 있는 난희를 달래고 얼러서 겨우 까닭을 알아냈다. 그것도 말은 하지 않고 울면서 자기 책상 속을 손가락질하는 것이다. 난희의 책상 속에 다른 아이의 책보가 들어 있다. 자기 책을 넣어야 할 책상 속에 다른 아이의 책이 들어 있자 그것을 처리할 수 없어 울고 있는 것이다.

누가 와서 해결해 줄 때까지 울고 서 있는 난희의 그 심사를 우리 조상들은 겸손이나 미덕이라고 부추겨 왔지만, 그 미덕이 우리에게서 자신감과 창의력을 앗아 가고 말았다.

적극적인 해결책을 강구하지 못하고 소극적인 울음의 반대 급부로 문제를 해결하려는 난희에게 나는 끝까지 판단을 내려 주지 않았다. 옆줄 선준이가 잘못 넣은 자기 책보를 찾아가 문제가 해결될 때까지.

(3) 재만이의 울음

아이들을 하교시키고 텅 빈 교실에서 그들이 남기고 간 체온을 느끼며 교실을 정리하고 있는데 운동장에서 세찬 울음소리가 들려온다. 내다보니 운동장 끝 느티나무 아래 몇 명이 둘러서 있는데, 거기서 계속 울음소리가 들린다.

내가 현장에 도착하자 여러 개의 작은 입들이 일러바치기에 바쁘다. 재만이가 동일이하고 싸웠는데 재만이가 울음을 터뜨리자 동일이가 멀리 달아났다는 게 그 요지다.

"동일이 이제 혼났다."

도망간 동일이를 들먹이는 녀석이 있는가 하면

"재만아, 울지 마."

하며 위로하는 녀석도 있다.

재만이를 살펴보니 다친 곳도 없고 위급한 상황도 아니다.

나는 아무 말도 하지 않고 발길을 돌려 교실로 향했다. 그와 때를 같이하여 조금 주춤했던 재만이의 울음소리가 다시 거세지기 시작했다. 재만이의 그칠 줄 모르는 울음소리를 의식하면서 교실에서 내 할 일을 했다.

모였던 아이들이 무엇인가 허탈함을 느끼며 헤어지는 모습도 교실에서 놓치지 않았다.

재만이 머리를 쓰다듬으며

'울지 마, 응.'

하였더라면 울음을 좀 속히 끝냈을까?

'동일이 녀석 내일 학교에 오면 혼내 주자, 응.'

하였더라면 그 마음이 후련했을까?

재만이는 말없이 돌아서 간 선생을 원망하면서 어머니의 동정어린 손길이 못내 그리웠을 것이다. 남에게 동정을 받고 싶어하고 남을 통해 문제를 해결하려고 울어젖히는 무기력한 어린이는 만들지 말아야 한다는 것이 우리 교실 생활 지도의 첫째 목표가 되었다.

이 글을 마치면서 『에밀』의 한 귀절을 인용한다.

"여러분은 여러분의 아동을 불행하게 하는 가장 확실한 방법을 알고 있는가. 그것은 그가 하고 싶다고 생각하는 것은 무엇이든지 손에 넣을 수 있도록 습관을 만들어 주는 것이다."

나는 루소의 자연주의 교육에 향수를 느낀다.

—1959년 시골 초등학교에서

교육의 현주소
• 문제점 몇 가지 •

〜〜

(1) 교육 시나리오

내일 배울 국어 단원을 충분히 읽어 오라는 숙제를 내주면 어린이들로부터 즉각 반응이 온다. 몇 번을 읽어야 하며 부모님의 확인 사인은 어디에 받아 와야 하느냐는 것이다. 부모의 확인 사인은 필요없고 읽는 횟수는 내용이 숙지될 때까지 각자 자유롭게 하라고 하면 그런 숙제가 어디 있느냐고 떠들어 댄다. 그것은 숙제를 내지 않은 것이나 마찬가지란다. 선생님과 부모님께 제시할 증거가 필요없고, 따라서 구체적인 시나리오가 없으니까 굳이 연출할 필요가 없다는 것이다.

개성과 환경이 다른 60명의 어린이들 생활(교육)이 교사 한 사람이 작성한 시나리오에 따라 천편일률적으로 연출되고 있는 것이 지금 우리의 교육 현실이다. 연출자인 교사가 잠시라도 위치를 벗어나거나 활동을 중지하면 어린이들의 생활은 모두 혼란을 겪거나 중단되고 만다. 각자의 개성과 자기 나름의 환경과 여건에 맞추어 자신의 생활을 창의적으로 설계하고 개척해 나가는 모습을 찾아보기 힘든 것은 교육 백년대계를 위하여 우려할 일이 아닐 수 없다.

"오천 명을 먹이는 데 필요하니 네가 가지고 있는 보리떡 다섯 개와 물고기 두 마리를 이리 내놓아라. 그러면 너는 크게 축복을 받게 될 것이다"라고 해서 갖다 바치는 아이가 아니라, 스스로의 생각과 믿음에 따라 가져다 바치는 창의적인 사고를 가진 어린이의 믿음이 오병이어(五餠二魚)의 기적과 많은 사람의 문제를 해결할 수 있다.

(2) 진퇴유곡

어린 시절의 독서 생활은 어린이의 사고력 신장과 정서 함양은 물론 지능 발달에 많은 영향을 미친다.

독서를 생활화하는 습관을 기르기 위하여 학급 어린이들에게 교실 벽에 개인별 독파 서적 기록표를 게시하고 책 한 권을 다 읽으면 담임과 간략하게 독후감을 문답한 후 표에 기록하도록 하였다. 확인 기록표 없이 스스로 독서가 체질화·생활화되었으면 하는 것이 교사의 바람이지만 그게 뜻대로 잘 되지 않는다. 교사와의 독후감 문답이나 독파 서적 기록표는 어린이들에게 독서 의욕을 불러일으키는 좋은 자극제가 되기도 하고 언어 발달을 향상시켜 일석이조의 효과가 있다.

민수는 누구보다 열심히 책을 읽지만 기록표에는 별로 관심이 없다. 그러나 교사와의 독후감 문답엔 퍽 흥미를 갖는다. 누구를 의식하지 않고 스스로 독서 생활을 잘 해나가는 민수의 그 의연한 모습이 여간 대견스럽지 않다.

그런데 민수 어머니가 학교에 다녀가신 후에 집에서 문제가 생겼다. 굳이 표에 기록하지 않아도 꾸준히 책만 읽으면 되지 않겠느냐는 민수의 주장에 어머니는 선생님께 꼭 알리고 독서 기록표의 가시적인 그래프가 다른 아이들보다 많이 늘어나게 해야 한다는 것이다. 어머니가 한밤중에 교사의 동의를 얻으려고 전화를 걸어 왔다.

공부나 그 밖에 자기가 하는 일을 남에게 보이기 위해서 하는 것은 바람직하지 않다고 가르치는 교사와 가시적인 표로 남과 비교하고 교사의 인정을 받아야 한다는 어머니 주장으로 딜레마에 빠진 민수의 고민과 혼란은 작은 것이 아니다.

(3) 빼앗긴 떡그릇

운동회 연습으로 한창 바쁜 가을 어느 날 점심 시간에 영희 어머니가 선생님 수고 많으시다며 떡을 싸오셨다.

아이들 앞에서 받아먹기가 좀 거북했으나 거절할 수 없어 받았다. 혼자 먹기에는 양이 좀 많아 앞에 앉은 어린이 몇 명에게 떡을 한 개씩 나누어 주었다. 그랬더니 점심을 먹고 있던 다른 아이들이 우르르 법석을 떨며 떡그릇 앞으로 모여들어 내가 집어 주기도 전에 저도 저도 하면서 제멋대로 다 집어가 버렸다. 더러는 떡이 교실 바닥에 떨어지기도 하고……. 6학년이나 되었는데 어린이들의 천진함으로 돌리기에는 어딘가 잘못되고 서글픈 데가 있다. 이기적이고 자기 중심적인 어른들의 의식 구조가 그대로 어린이들에게 전이되어 가는데 제자들의 발을 씻기시고 남을 대접하라는 주님의 말씀을 그들은 어떻게 받아들이고 있는 것일까?

(4) 경호 어머니

경호네는 생활이 비교적 윤택하고 가족 관계도 매우 화목해 보인다. 경호 어머니가 교육 상담차 교실로 찾아오셨다.

6학년인 경호는 학과 성적은 좋은 편이나 발표력이나 창의적 활동 같은 면은 많이 처지는 편이다. 그리고 교과서 이외의 독서 활동도 잘 이루어지고 있지 않다. 인내심과 지구력이 부족하여 책을 끝까지 읽어 내지 못하고 흥미를 가지고 탐독하지 않는다.

경호의 사고력이나 표현력 등 언어 능력이 뒤떨어지는 것도 독서 생활과 무관하지 않을 것이다. 경호 어머니에게 위와 같은 요지의 말씀을 드렸다.

"교과서 외의 책은 정 읽기 싫어하면 그냥 두세요. 나도 초등학교 때 책을 그렇게 많이 읽은 것 같지 않아요."

경호 어머니의 대답이다. 나는 더 할 말을 잃고 말았다. 가치관이나 교육관의 잣대를 자신에게 맞추는 그 어머니에게 무슨 말을 더 해도 받아들여지기는 어려울 것이다.

경호 어머니의 관심사는 다른 데 있었다. 가정교사를 새로 바꾸었는데 경호가 이번 달에 석차가 몇 등이냐는 것이다.

8등이라고 하였더니, 대번 안색이 변하며 한참 동안 할 말을 잃은 듯하더니 내일 성적 발표 때 3등쯤으로 할 수 없느냐는 것이다. 경호의 사기나 엄마의 체면 때문이란다.

어른들의 '회칠한 무덤'이 자식을 병들어 가게 하고 있다.

경호는 어머니만큼만 크고 더 이상 크지 못할 것 같아 안타깝다.

엄마만큼 크는 아이

1997년 10월 10일 1판 1쇄 발행
2003년 10월 20일 2판 1쇄 발행
2006년 12월 26일 3판 1쇄 발행
2007년 5월 10일 3판 2쇄 발행

지은이 최낭규

펴낸이 임상백
펴낸곳 (주)한림출판사
주소 (110-111) 서울특별시 종로구 관철동 13-13 종로코아
등록 1963년 1월 18일 제 300-1963-1호
전화 02-735-7551~4 | 전송 02-730-8192, 5149
전자우편 info@hollym.co.kr | 홈페이지 www.hollym.co.kr

인쇄 삼성인쇄 | 제책 삼성인쇄
ISBN 978-89-7094-476-0 03380